엑셀 2016
단계별 정복하기

● 실력 향상을 위한 다양한 실습 문제 수록 ● 최종 정리를 위한 종합 문제 수록

● 이 책의 특징 ● 예제 소스는 아티오(www.atio.co.kr) [자료실]에서 다운받으시면 됩니다.

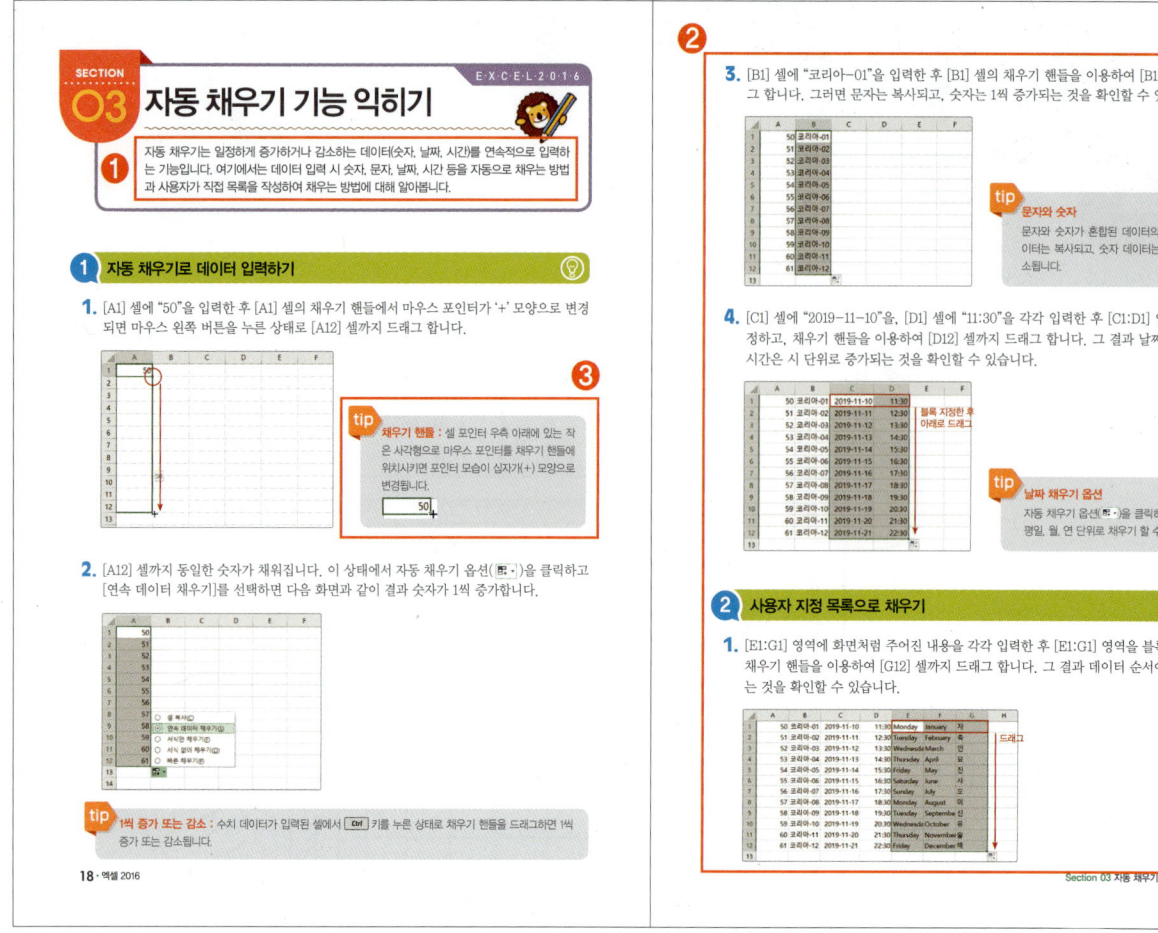

❶ 섹션 설명
해당 단원에서 배울 내용에 대한 전체적인 개념을 짚어줌으로써 단원에 대한 이해도를 증진시키도록 합니다.

❷ 따라하기
본문 내용을 하나씩 따라해 가면서 실습하다 보면 자연스럽게 관련 기능을 이해하여 활용할 수 있도록 하였습니다.

❸ Tip
실습을 따라하는 과정에서 알아두면 도움이 되는 내용 및 저자만이 가지고 있는 다양한 노하우를 제공합니다.

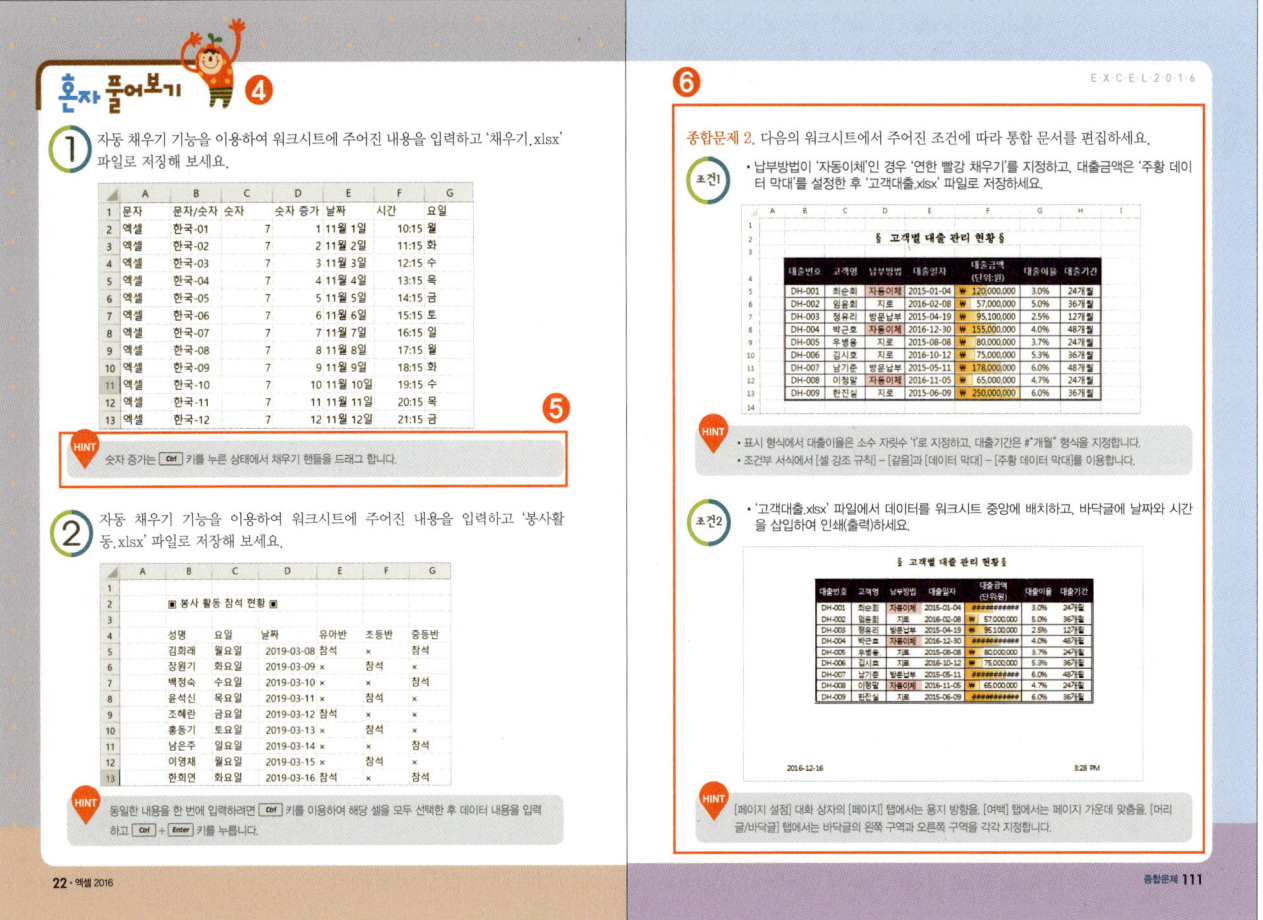

④ 혼자 풀어보기

본문에서 배운 내용을 다양한 예제를 통하여 실습하면서 확실하게 익힐 수 있도록 실습 문제를 담았습니다.

⑤ HINT

혼자 풀어볼 때 도움을 줄 수 있는 핵심 내용을 제공합니다.

⑥ 종합 문제

본문을 모두 학습한 후 배운 내용을 총정리할 수 있는 다양한 종합 문제를 담아 실력 향상을 할 수 있도록 하였습니다.

차례

Section 01 엑셀 2016 기본기 다지기 — 6
1. 엑셀 2016 실행하고 화면 구성 알아보기
2. 문서 작성하고 저장하기
3. 파일 열기와 종료하기

Section 02 다양한 방식으로 데이터 입력하기 — 12
1. 데이터 입력하기
2. 특수 문자(기호) 입력하기
3. 한자 변환하기

Section 03 자동 채우기 기능 익히기 — 18
1. 자동 채우기로 데이터 입력하기
2. 사용자 지정 목록으로 채우기

Section 04 워크시트 내용 편집하기 — 24
1. 데이터 이동 및 복사하기
2. 셀 삽입 및 삭제하기
3. 시트 탭 삽입 및 삭제하기

Section 05 다양한 셀 서식으로 예쁘게 치장하기 — 30
1. 글꼴과 맞춤 서식 지정하기
2. [셀 서식] 대화 상자 이용하기

Section 06 표시 형식 이용하여 꾸미기 — 34
1. 데이터 표시 형식
2. 사용자 지정 표시 형식

Section 07 조건부 서식 이용하기 — 38
1. 조건부 서식 지정하기
2. 데이터 막대/색조/아이콘 집합 조건부 서식

Section 08 워크시트 관리하고 인쇄하기 — 42
1. 틀 고정과 창 나누기
2. 워크시트 인쇄하기

Section 09 수식 입력하고 참조 방식 이해하기 — 46
1. 기본 수식 입력하기
2. 상대 참조와 절대 참조의 차이점 이해하기

Section 10 기본 함수 이용하기 — 52
1. 함수로 합계와 평균 구하기
2. 함수 마법사로 순위 구하기

Section 11 직접 입력하여 함수 이용하기 — 58
1. 논리/문자 함수 이용하기
2. 날짜/시간 함수 이용하기

Section 12 조건 함수 이용하기 — 64
1. 전체 평균과 학생수 구하기
2. 조건별 듣기 합계와 쓰기 평균 구하기

Section 13 찾기/참조 함수 이용하기 — 68
1. 신규 아파트 표시하고 가구수가 가장 많은 아파트 구하기
2. 특정 아파트의 가구수와 시세가 두 번째인 아파트 경쟁률 찾기

Section 14 스파크라인 기능 이용하기 — 74
1. 스파크라인 만들기
2. 스파크라인 스타일 지정하기

Section 15 차트 만들고 편집하기 — 78
1. 기본 차트 만들기
2. 차트 레이아웃 변경하기
3. 차트 서식 지정하기

Section 16 목표값 찾기와 데이터 통합 — 84
1. 목표값 찾기
2. 데이터 통합

Section 17 정렬 및 부분합 이용하기 — 88
1. 데이터 정렬하기
2. 부분합 적용하기

Section 18 자동 필터 기능 이용하기 — 92
1. 단순 자동 필터
2. 사용자 지정 자동 필터

Section 19 고급 필터 기능 이용하기 — 96
1. 고급 필터 적용하기
2. 원하는 열 제목만 필터링하기

Section 20 피벗 테이블 보고서 만들기 — 102
1. 피벗 테이블 보고서 작성하기
2. 피벗 테이블 편집하기
3. 슬라이서 삽입하기

종합문제 — 110

SECTION 01 엑셀 2016 기본기 다지기

E·X·C·E·L·2·0·1·6

엑셀 2016 프로그램을 실행하여 화면 구성 요소에 대해 살펴보고, 기본 메뉴에 해당하는 빠른 실행 도구 모음과 리본 메뉴의 간단한 사용 방법을 알아봅니다.

1 엑셀 2016 실행하고 화면 구성 알아보기

1. 작업 표시줄에서 [시작] 단추를 클릭한 후 [Excel 2016]을 선택하여 시작 화면이 나타나면 [새 통합 문서]를 선택합니다.

2. 엑셀 2016 프로그램이 실행되면서 새로운 워크시트 화면이 나타납니다. 화면 구성 요소의 명칭과 설명은 다음과 같습니다.

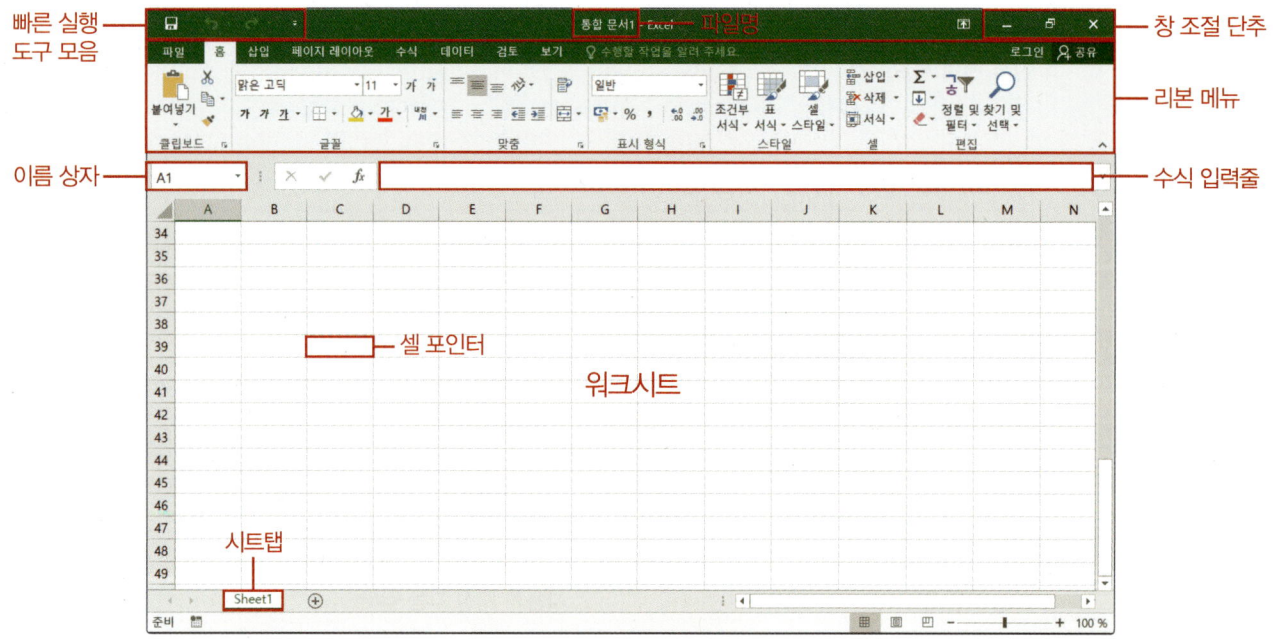

▶ **파일명** : 현재 열려 있는 통합 문서의 제목, 파일명 등을 표시합니다. 현재 작업중인 통합 문서를 저장하기 전에는 통합 문서1, 통합 문서2 등으로 나타나지만 작성한 통합 문서를 저장할 경우는 해당 파일 이름이 표시됩니다.

▶ **빠른 실행 도구 모음** : 자주 사용하는 명령(저장, 실행 취소, 다시 실행)을 클릭하여 바로 사용할 수 있습니다. 빠른 실행 도구 모음 사용자 지정( ) 단추를 클릭하면 원하는 다른 명령을 추가하거나 제거할 수 있습니다.

▶ **창 조절 단추** : 엑셀 창의 최소화, 전체 화면 크기로 최대화, 창의 닫기 등을 실행하는 단추입니다.

▶ **리본 메뉴** : 엑셀 2016의 프로그램 메뉴와 도구 모음을 모아놓은 메뉴로 작업에 필요한 명령을 빠르게 사용할 수 있습니다. 기본 탭으로 [파일], [홈], [삽입], [페이지 레이아웃], [수식], [데이터], [검토], [보기]로 구성됩니다. [파일] 탭에서는 새로 만들기, 열기, 저장, 인쇄, 공유, 내보내기, 닫기, 계정, 옵션 등의 명령을 실행합니다.

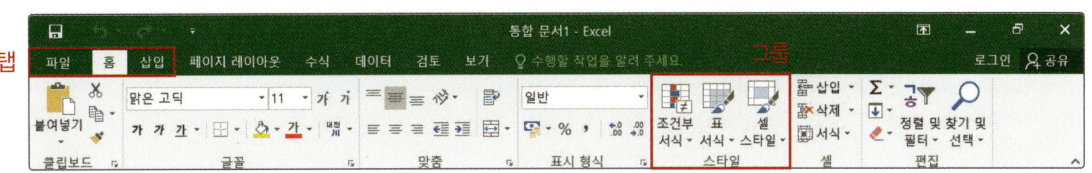

> **tip 리본 메뉴 최소화** : 리본 메뉴는 작업의 영역에 따라 최소화하여 사용할 수 있습니다. 탭의 임의의 위치에서 마우스 오른쪽 단추를 클릭한 후 [리본 메뉴 축소]를 선택하면 리본 메뉴가 최소화(축소) 됩니다.

▶ **이름 상자** : 현재 선택한 셀의 주소나 이름, 그리기 개체 등이 표시됩니다.

▶ **수식 입력줄** : 현재 셀에 입력한 내용을 표시하며, 데이터를 직접 입력하거나 수정할 수 있습니다.

▶ **워크시트** : 데이터의 모든 작업이 이루어지는 작업 영역으로 여러 개의 셀(Cell)로 구성됩니다. 워크시트의 세로 열은 최대 16,384개로 구성되고, 가로 행은 최대 1,048,576개로 구성됩니다.

▶ **시트 탭** : 현재 통합 문서에 포함된 워크시트의 이름을 표시합니다. 새로운 시트를 삽입하거나 삭제할 수 있습니다.

▶ **셀 포인터** : 워크시트에서 이동되는 사각형으로 작업 중인 현재 셀을 나타냅니다.

2 문서 작성하고 저장하기

1. 워크시트에 다음과 같이 주어진 데이터를 입력합니다.

	A	B	C	D	E	F
1						
2		고객 대출 현황				
3						
4		대출번호	고객명	납부방법	대출금액	대출기간
5		D-001	신기혁	자동이체	120000000	24
6		D-002	정경화	지로	55000000	36
7		D-003	박형수	방문납부	150000000	12
8		D-004	이은주	지로	40000000	12
9		D-005	김휘중	자동이체	200000000	36
10		D-006	한송희	자동이체	75000000	24
11		D-007	손재관	방문납부	30000000	12
12		D-008	서혜인	지로	100000000	48
13						

> **tip 문자/숫자 데이터**
> – 기본적으로 문자 데이터는 셀의 왼쪽에, 숫자 데이터는 셀의 오른쪽에 정렬됩니다.
> – 문자 데이터가 셀 폭보다 긴 경우 오른쪽 셀이 비어 있으면 오른쪽 셀까지 표시됩니다..

2. 입력한 데이터를 저장하려면 빠른 실행 도구 모음에서 저장(💾) 단추를 클릭하거나 Ctrl + S 키를 누릅니다.

3. [다른 이름으로 저장] 대화 상자가 나타나면 [찾아보기]를 선택하여 저장 위치와 파일 이름을 '고객대출현황'이라고 지정하고 [저장] 단추를 클릭합니다.

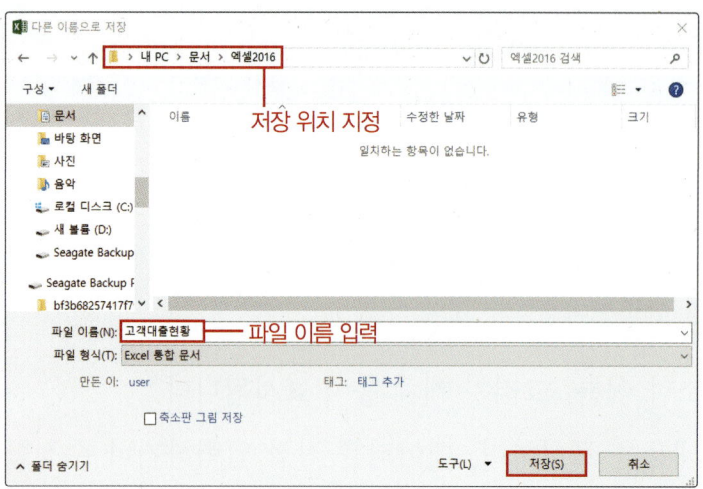

> **tip**
> **엑셀 2016 파일 형식** : 엑셀 2016의 파일 확장자(형식)는 '.xlsx'로 설정됩니다.

4. 저장한 통합 문서를 닫기 하려면 화면 오른쪽 상단에서 닫기(✕) 단추를 클릭하거나 [파일] 탭-[닫기]를 선택합니다.

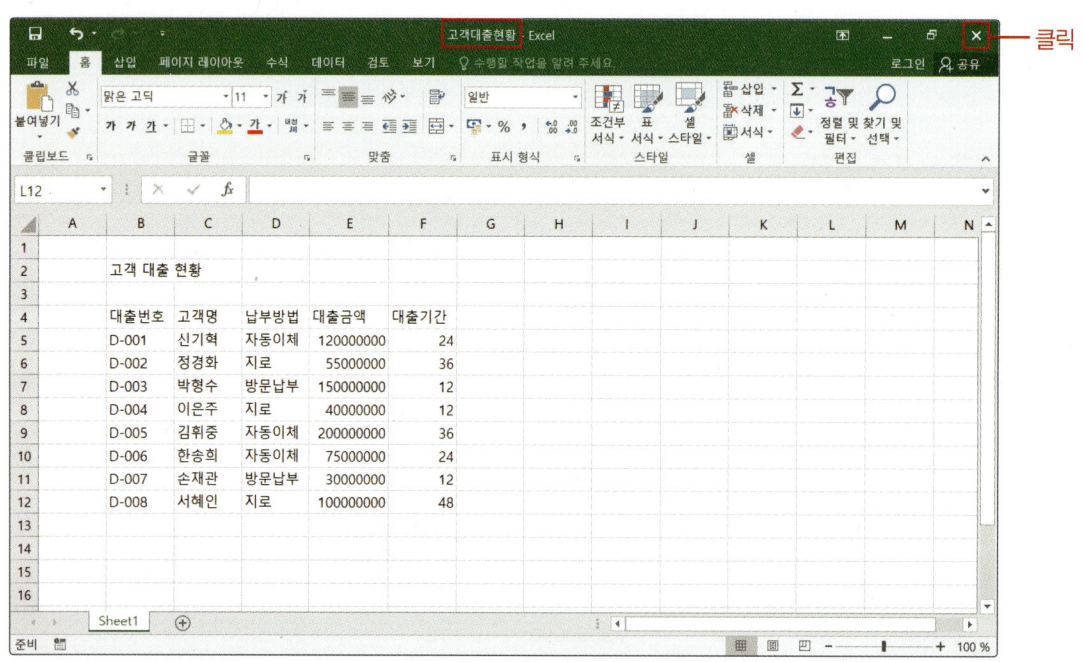

> **tip**
> **저장** : 한 번 저장했던 파일을 다시 저장하면 동일한 이름으로 저장되므로 [다른 이름으로 저장] 대화 상자는 나타나지 않습니다.

3 파일 열기와 종료하기

1. [파일] 탭을 클릭한 후 [열기]-[찾아보기]를 선택합니다. [열기] 대화 상자가 나타나면 파일이 저장된 위치를 지정한 후 '고객대출현황.xlsx' 파일을 선택하고 [열기] 단추를 클릭합니다.

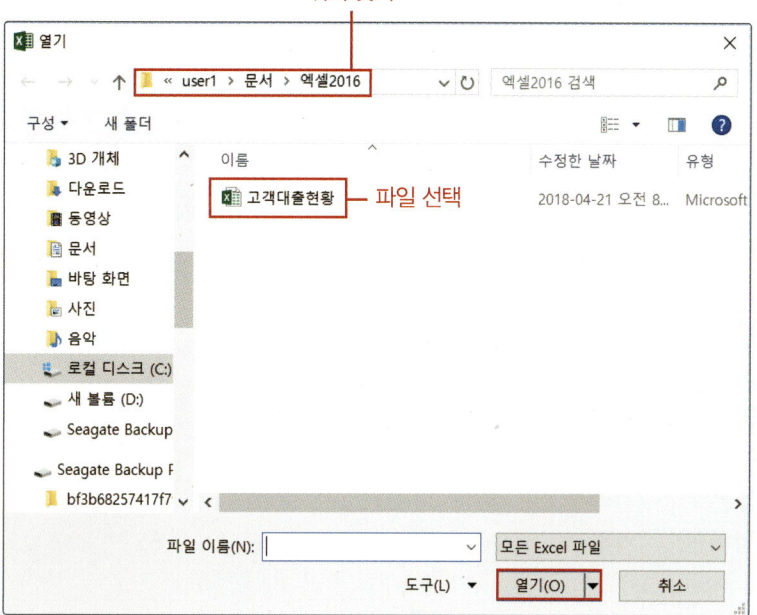

2. G열에 추가 데이터를 입력한 후 저장하지 않은 상태에서 [파일] 탭을 눌러 [닫기]를 선택하면 변경 내용을 저장할 것인지 묻는 대화 상자가 나타납니다. [저장] 단추를 클릭하여 변경된 내용을 저장하고 닫기(×) 단추를 클릭하면 엑셀이 종료됩니다.

혼자 풀어보기

① 엑셀 2016에서 다음의 내용을 입력한 후 '입사점수.xlsx' 파일로 저장하고 창을 닫아 보세요.

	A	B	C	D	E	F	G	H
1								
2		사원별 입사 점수						
3								
4		사원번호	성명	부서	입사일	토익	컴퓨터	
5		A-003	서창호	관리부	2016-03-05	950	85	
6		Z-111	김진아	기획부	2016-02-15	800	95	
7		Y-007	한종희	총무부	2016-05-20	560	75	
8		X-321	이명순	영업부	2016-01-14	780	60	
9		S-248	정동환	기획부	2016-08-08	650	80	
10		H-975	최성희	총무부	2016-04-26	810	90	
11		G-600	조은수	관리부	2016-06-20	900	100	
12		K-450	임미현	기획부	2016-07-10	700	65	
13								

 창을 닫으려면 화면 오른쪽 상단에 있는 닫기(×) 단추를 클릭합니다.

② '입사점수.xlsx' 파일을 불러온 후 다음과 같이 내용을 수정하고 '입사점수-수정.xlsx'으로 바꾸어 저장해 보세요.

	A	B	C	D	E	F	G	H	I
1									
2		사원별 입사 점수							
3									
4		사원번호	성명	부서	입사일	토익	컴퓨터	면접	
5		A-003	서창호	관리부	2016-03-05	950	85	8	
6		Z-111	김진아	기획부	2016-02-15	800	95	7	
7		Y-007	한종희	총무부	2016-05-20	560	75	6	
8		X-321	이명순	영업부	2016-01-14	780	60	9	
9		S-248	정동환	기획부	2016-08-08	650	80	10	
10		H-975	최성희	총무부	2016-04-26	810	90	7	
11		G-600	조은수	관리부	2016-06-20	900	100	5	
12		K-450	임미현	기획부	2016-07-10	700	65	8	
13									

 현재 파일명이 있는 상태에서 다른 이름으로 저장하려면 [파일] 탭을 클릭한 후 [다른 이름으로 저장]을 선택합니다.

 새로운 워크시트에 다음의 내용을 입력한 후 '축구장관리현황.xlsx' 파일로 저장해 보세요.

	A	B	C	D	E	F	G	H
1								
2		축구장 관리 현황						
3								
4		관리 코드	축구장명	좌석형태	부지면적	바닥재료	수용인원	
5		AA-03	목동	계단식	25,000	천연잔디	30000	
6		BC-99	대구시민	의자식	21,000	인조잔디	26000	
7		BN-45	잠실	의자식	30,000	천연잔디	35000	
8		MB-11	인천시립	계단식	27,000	인조잔디	32000	
9		GT-86	구덕	의자식	32,000	인조잔디	37000	
10		KE-22	한빛종합	계단식	20,000	토사	25000	
11		JA-75	문학	계단식	35,000	천연잔디	40000	
12		QA-34	사직	의자식	40,000	인조잔디	45000	
13								

 새로운 워크시트는 [파일] 탭을 클릭하여 [새로 만들기]-[새 통합 문서]를 선택합니다.

 앞에서 작성한 '축구장관리현황.xlsx' 파일에서 다음의 내용을 추가한 후 '축구장관리현황-추가.xlsx' 파일로 이름을 변경하여 저장해 보세요.

	A	B	C	D	E	F	G	H
1								
2		축구장 관리 현황						
3								
4		관리 코드	축구장명	좌석형태	부지면적	바닥재료	수용인원	
5		AA-03	목동	계단식	25,000	천연잔디	30000	
6		BC-99	대구시민	의자식	21,000	인조잔디	26000	
7		BN-45	잠실	의자식	30,000	천연잔디	35000	
8		MB-11	인천시립	계단식	27,000	인조잔디	32000	
9		GT-86	구덕	의자식	32,000	인조잔디	37000	
10		KE-22	한빛종합	계단식	20,000	토사	25000	
11		JA-75	문학	계단식	35,000	천연잔디	40000	
12		QA-34	사직	의자식	40,000	인조잔디	45000	
13		SU-64	수원	의자식	50,000	토사	55000	
14		RD-70	부산시민	계단식	45,000	인조잔디	50000	
15								

SECTION 02 다양한 방식으로 데이터 입력하기

E·X·C·E·L·2·0·1·6

워크시트에 입력할 수 있는 데이터는 문자, 숫자, 날짜, 시간, 수식 등 여러 가지가 있는데 각 데이터마다 입력하는 방법이 조금씩 다릅니다. 이외에 특수 문자와 한자 입력하는 방법 등 엑셀의 다양한 데이터를 입력하는 방법에 대해 알아봅니다.

1 데이터 입력하기

1. 워크시트에 다음과 같이 주어진 데이터를 입력합니다.

	A	B	C	D	E	F
1						
2		카페 가입 현황				
3						
4		카페명	회장	개설일	가입비	
5			최재홍	2014-03-07	10000	
6			신연선	2016-05-20	15000	
7			김대인	2017-08-12	20000	
8			이비오	2018-05-13	5000	
9			백정아	2019-09-12	25000	
10						

> **tip 날짜와 시간 입력**
> - 날짜는 년, 월, 일을 하이픈(-)으로 구분합니다(현재 날짜 입력 단축키 : `Ctrl` + `;`).
> - 시간은 시, 분, 초를 콜론(:)으로 구분합니다(현재 시간 입력 단축키 : `Ctrl` + `Shift` + `;`).

2. [B5:B9] 영역에 나머지 데이터를 입력한 다음 B열의 머리글에서 오른쪽 경계선을 더블 클릭합니다. 그 결과 데이터 길이에 맞게 열 너비가 자동으로 조절됩니다.

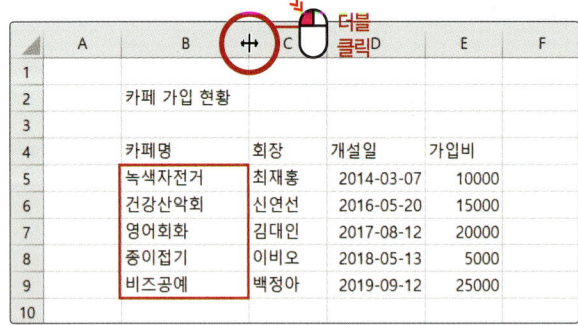

> **tip 행 높이와 열 너비 자동 조절**
> - 행 머리글의 경계선을 더블 클릭하면 해당 행에서 가장 큰 글꼴 높이에 맞추어 행 높이가 자동으로 조절됩니다.
> - 열 머리글의 경계선을 더블 클릭하면 해당 열에서 가장 긴 문자 길이에 맞추어 열 너비가 자동으로 조절됩니다.

3. [F4] 셀에 "정기모임"을 입력한 후 Alt + Enter 키를 누르고 "요일"을 입력합니다. Alt + Enter 키를 누르면 한 셀에서 줄을 바꾸어 입력할 수 있습니다.

	A	B	C	D	E	F	G
1							
2		카페 가입 현황					
3							
4		카페명	회장	개설일	가입비	정기모임 요일	
5		녹색자전거	최재홍	2014-03-07	10000		
6		건강산악회	신연선	2016-05-20	15000		
7		영어회화	김대인	2017-08-12	20000		
8		종이접기	이비오	2018-05-13	5000		
9		비즈공예	백정아	2019-09-12	25000		
10							

2 특수 문자(기호) 입력하기

1. [B11] 셀에서 한글 자음 "ㅁ"을 입력한 후 한자 키를 눌러 특수 문자 목록이 나타나면 원하는 기호를 선택합니다(반드시 한글 "ㅁ"이어야지 영문 "a"이면 안됩니다).

> **tip** **한글 자음을 이용한 특수 문자 입력**
> 특수 문자(기호)를 입력할 곳에서 한글 자음(ㄱ, ㄴ, ㄷ, …)을 입력한 후 한자 키 또는 오른쪽 Ctrl 키를 누르면 해당 특수 문자 목록이 나타납니다.

2. 특수 문자가 입력되면 나머지 내용을 입력합니다.

	A	B	C	D	E	F	G
1							
2		카페 가입 현황					
3							
4		카페명	회장	개설일	가입비	정기모임 요일	
5		녹색자전거	최재홍	2014-03-07	10000		
6		건강산악회	신연선	2016-05-20	15000		
7		영어회화	김대인	2017-08-12	20000		
8		종이접기	이비오	2018-05-13	5000		
9		비즈공예	백정아	2019-09-12	25000		
10							
11		★ 개설일이 가장 빠른 카페명 : 녹색자전거					
12							

tip **[기호] 대화 상자 :** [삽입] 탭의 [기호] 그룹에서 기호( ) 단추를 클릭하면 [기호] 대화 상자가 나타나며, 글꼴과 하위 집합에 따라 다양한 기호 목록이 표시됩니다.

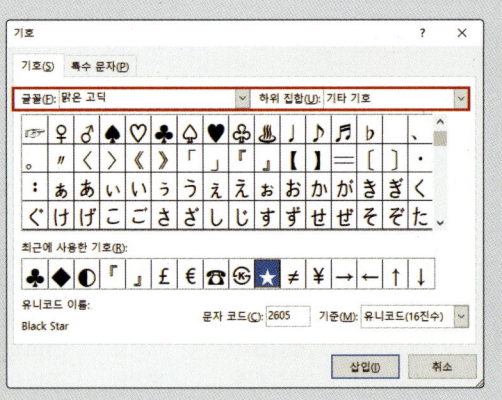

3 한자 변환하기

1. [F5:F9] 영역에 주어진 내용을 입력한 후 [F5] 셀을 더블 클릭하고 마우스를 드래그하여 '토요일'을 블록 지정합니다.

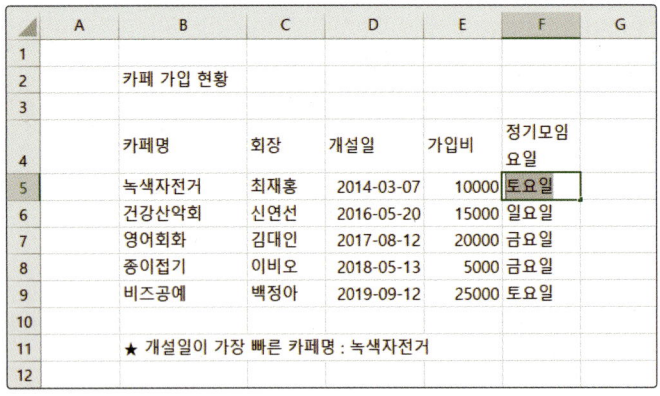

tip **셀 내용 편집하기 :** 셀을 편집하려면 해당 셀을 더블 클릭하거나 F2 키를 누르면 커서가 나타납니다. 이때 원하는 내용을 수정할 수 있습니다.

2. 계속해서 한자 키를 누르면 [한글/한자 변환] 대화 상자가 나타납니다. 이때 바꿀 한자를 선택한 후 입력 형태를 '漢字'로 지정하고 [변환] 단추를 클릭합니다.

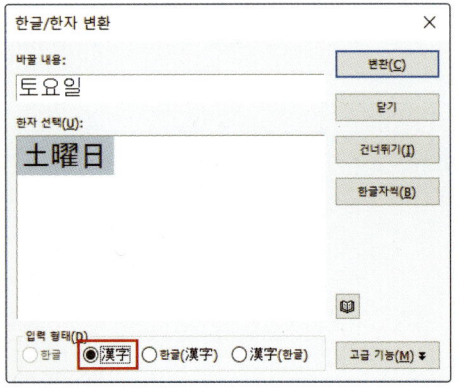

tip **입력 형태**
- 漢字 : 한글을 한자로만 변환합니다.
　　　　(예 : 성별 → 性別)
- 한글(漢字) : 한글과 괄호 안에 한자를 표시합니다.
　　　　(예 : 성별 → 성별(性別))
- 漢字(한글) : 한자와 괄호 안에 한글을 표시합니다.
　　　　(예 : 성별 → 性別(성별))

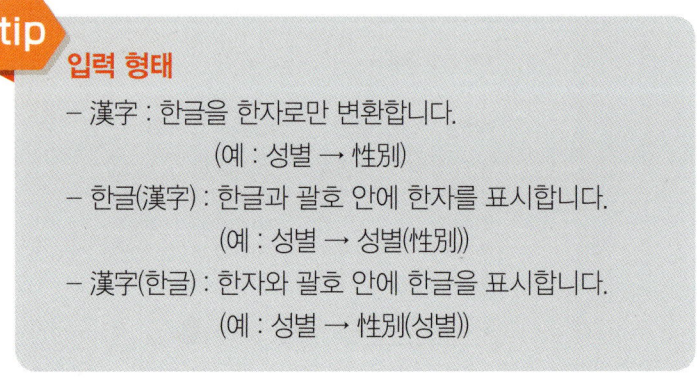

3. 동일한 방법으로 나머지 요일도 모두 한자로 변환한 후 작성한 문서를 '카페현황.xlsx' 파일로 저장합니다.

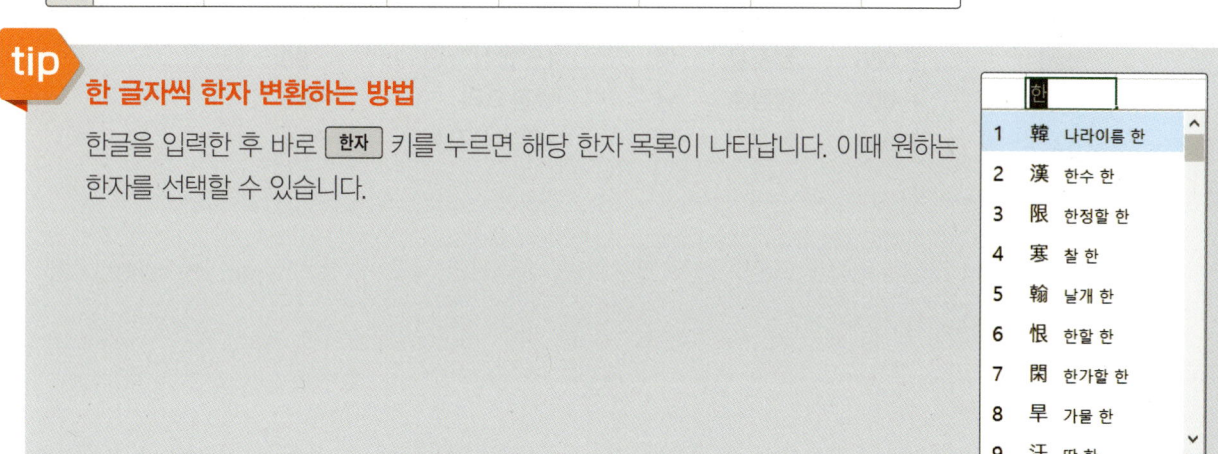

> **tip** **한 글자씩 한자 변환하는 방법**
> 한글을 입력한 후 바로 [한자] 키를 누르면 해당 한자 목록이 나타납니다. 이때 원하는 한자를 선택할 수 있습니다.

혼자 풀어보기

① 워크시트에 주어진 내용을 입력하고 '한정식.xlsx' 파일로 저장해 보세요.

	A	B	C	D	E	F	G
1							
2		한정식 경연 대회					
3							
4		접수번호	성명	성별	지원종목	레시피 만족도	
5		F-001	임명기	남	일품요리	89.5	
6		F-002	배주연	여	1인밥상차림	95.3	
7		F-003	이준석	남	코스요리	78	
8		F-004	염수혜	여	일품요리	80.2	
9		F-005	강현석	남	코스요리	75.7	
10		F-006	정지윤	여	1인밥상차림	90	
11		F-007	김강호	남	일품요리	98.6	
12		F-008	한성희	여	1인밥상차림	88.5	
13							

HINT E열의 너비 조절은 머리글 오른쪽 경계선에서 더블 클릭하면 되고, 두 줄로 입력은 [Alt]+[Enter] 키를 누릅니다.

② 워크시트에 주어진 내용을 입력하고 '실적현황.xlsx' 파일로 저장해 보세요.

	A	B	C	D	E	F	G	H
1								
2		▶ 분기별 실적 현황 ◀						
3								
4		사원명	부서	1사분기 (3월)	2사분기 (6월)	3사분기 (9월)	4사분기 (12월)	
5		신영아	영업부	미달	60	75	70	
6		임주묵	경리부	80	70	95	60	
7		김동건	홍보부	95	미달	85	90	
8		이호경	영업부	60	80	65	미달	
9		박지혜	홍보부	70	90	55	85	
10		서창덕	경리부	55	100	미달	75	
11								
12		◆ 3사분기 실적의 최대값 : 95						
13								

HINT 특수 문자(기호) 입력은 한글 자음(ㅁ)을 입력하고 [한자] 키를 누릅니다.

 워크시트에 주어진 내용을 입력하고 '가격현황.xlsx' 파일로 저장해 보세요.

	A	B	C	D	E	F	G
1							
2		종목별 가격 현황(現況)					
3							
4		종목(種牧)	목표가격	원자재 가격	원자재 비율	지난해 비교	
5		한국금속	15000	2000	7.10%	상승	
6		(주)MTK철강	35000	3000	3.20%	감소	
7		대한팰리스	10000	1500	1.40%	변동없음	
8		미래시멘트	20000	2500	5.40%	감소	
9		우수석유	75000	5000	10.50%	상승	
10		Soft펄프	60000	4000	9.10%	상승	
11							
12		참고(參考) : 2019년 4사분기 基準(기준)					
13							

HINT 한자 변환 시 해당 단어를 블록 지정한 다음 키를 누른 후 [한글/한자 변환] 대화 상자에서 입력 형태를 상황에 맞게 선택합니다.

 워크시트에 주어진 내용을 입력하고 '응시생.xlsx' 파일로 저장해 보세요.

	A	B	C	D	E	F	G	H
1								
2		◐ 시험 응시생 현황(現況) ◑						
3								
4		응시번호	성명(姓名)	성별(性別)	생년월일	응시횟수	2019년 응시유무	
5		T-006	김정훈	男	1975-02-08	1번	○	
6		T-102	강휘연	女	1980-09-09	2번	×	
7		T-283	신성재	男	1973-03-10	4번	○	
8		T-376	채명화	女	1988-07-20	7번	○	
9		T-456	허걸	男	1991-11-12	3번	○	
10		T-975	박명숙	女	1979-12-20	1번	×	
11		T-248	전승열	男	1984-06-25	5번	○	
12		T-555	황연희	女	1992-04-26	2번	×	
13								

SECTION 03 자동 채우기 기능 익히기

E·X·C·E·L·2·0·1·6

자동 채우기는 일정하게 증가하거나 감소하는 데이터(숫자, 날짜, 시간)를 연속적으로 입력하는 기능입니다. 여기에서는 데이터 입력 시 숫자, 문자, 날짜, 시간 등을 자동으로 채우는 방법과 사용자가 직접 목록을 작성하여 채우는 방법에 대해 알아봅니다.

1 자동 채우기로 데이터 입력하기

1. [A1] 셀에 "50"을 입력한 후 [A1] 셀의 채우기 핸들에서 마우스 포인터가 '+' 모양으로 변경되면 마우스 왼쪽 버튼을 누른 상태로 [A12] 셀까지 드래그 합니다.

> **tip 채우기 핸들** : 셀 포인터 우측 아래에 있는 작은 사각형으로 마우스 포인터를 채우기 핸들에 위치시키면 포인터 모습이 십자가(+) 모양으로 변경됩니다.

2. [A12] 셀까지 동일한 숫자가 채워집니다. 이 상태에서 자동 채우기 옵션( )을 클릭하고 [연속 데이터 채우기]를 선택하면 다음 화면과 같이 결과 숫자가 1씩 증가합니다.

> **tip 1씩 증가 또는 감소** : 수치 데이터가 입력된 셀에서 Ctrl 키를 누른 상태로 채우기 핸들을 드래그하면 1씩 증가 또는 감소됩니다.

3. [B1] 셀에 "코리아-01"을 입력한 후 [B1] 셀의 채우기 핸들을 이용하여 [B12] 셀까지 드래그 합니다. 그러면 문자는 복사되고, 숫자는 1씩 증가되는 것을 확인할 수 있습니다.

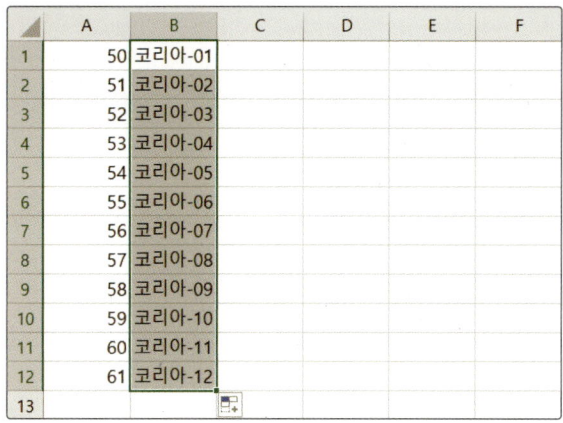

tip 문자와 숫자
문자와 숫자가 혼합된 데이터의 경우 문자 데이터는 복사되고, 숫자 데이터는 증가 또는 감소됩니다.

4. [C1] 셀에 "2019-11-10"을, [D1] 셀에 "11:30"을 각각 입력한 후 [C1:D1] 영역을 블록 지정하고, 채우기 핸들을 이용하여 [D12] 셀까지 드래그 합니다. 그 결과 날짜는 일 단위로, 시간은 시 단위로 증가되는 것을 확인할 수 있습니다.

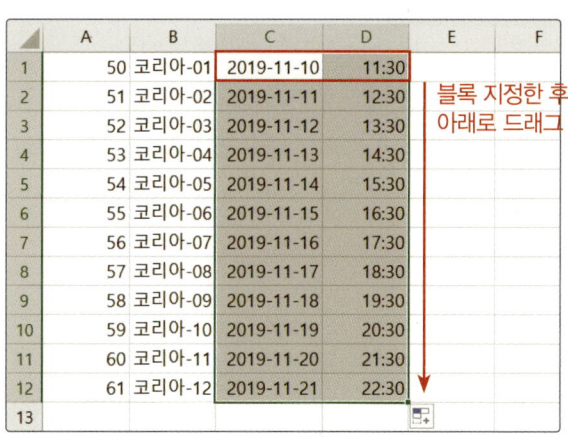

블록 지정한 후 아래로 드래그

tip 날짜 채우기 옵션
자동 채우기 옵션()을 클릭하면 날짜를 일, 평일, 월, 연 단위로 채우기 할 수 있습니다.

2 사용자 지정 목록으로 채우기

1. [E1:G1] 영역에 화면처럼 주어진 내용을 각각 입력한 후 [E1:G1] 영역을 블록 지정한 다음 채우기 핸들을 이용하여 [G12] 셀까지 드래그 합니다. 그 결과 데이터 순서에 따라 채워지는 것을 확인할 수 있습니다.

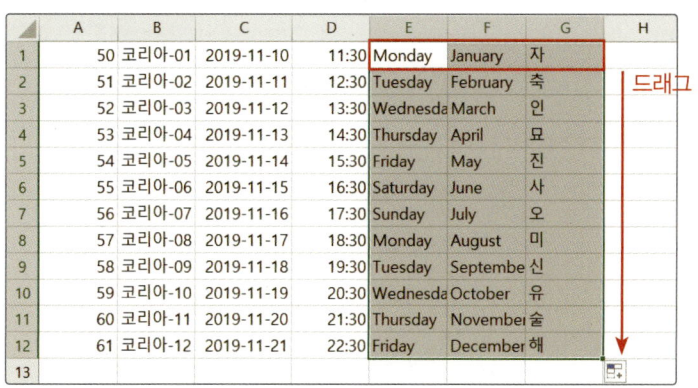

드래그

2. [파일] 탭을 클릭하고, [옵션]을 선택합니다. [Excel 옵션] 대화 상자가 나타나면 [고급] 탭의 '일반' 항목에서 [사용자 지정 목록 편집] 단추를 클릭합니다.

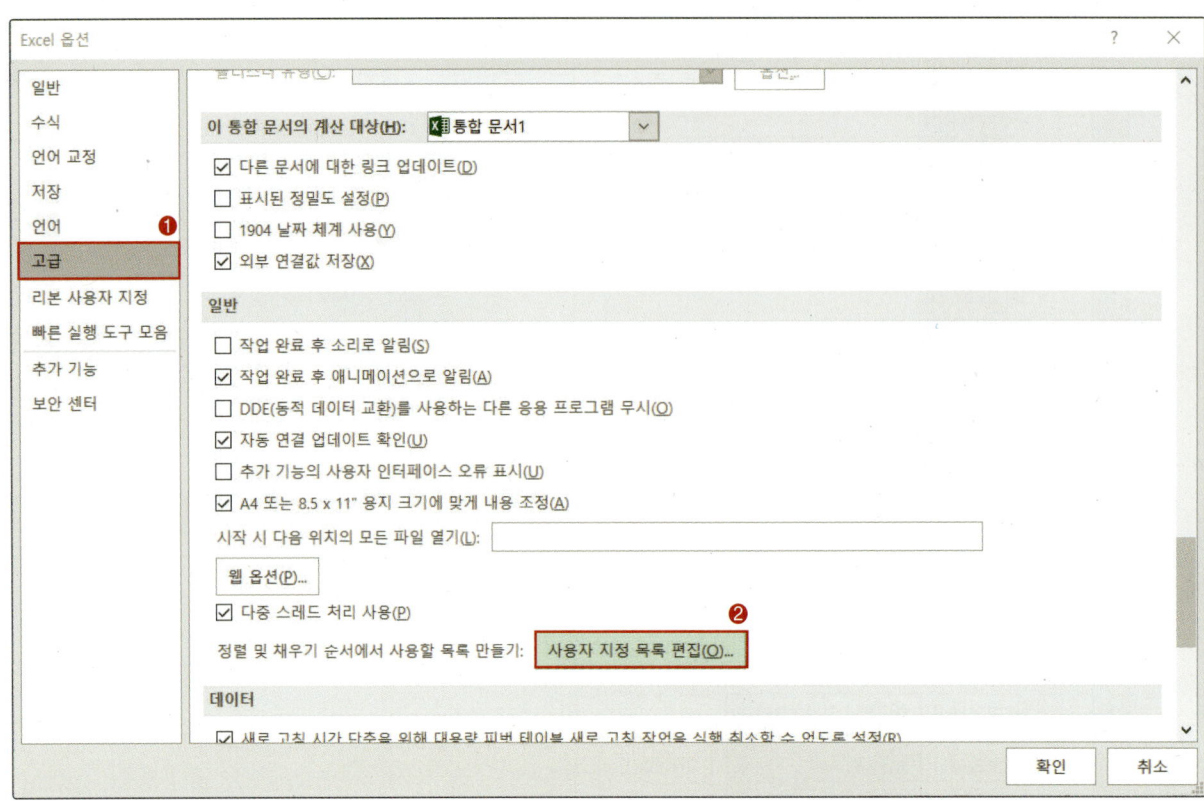

3. [사용자 지정 목록] 대화 상자가 나타나면 목록 항목에 새롭게 추가할 목록을 입력한 다음 [추가] 단추를 클릭합니다.

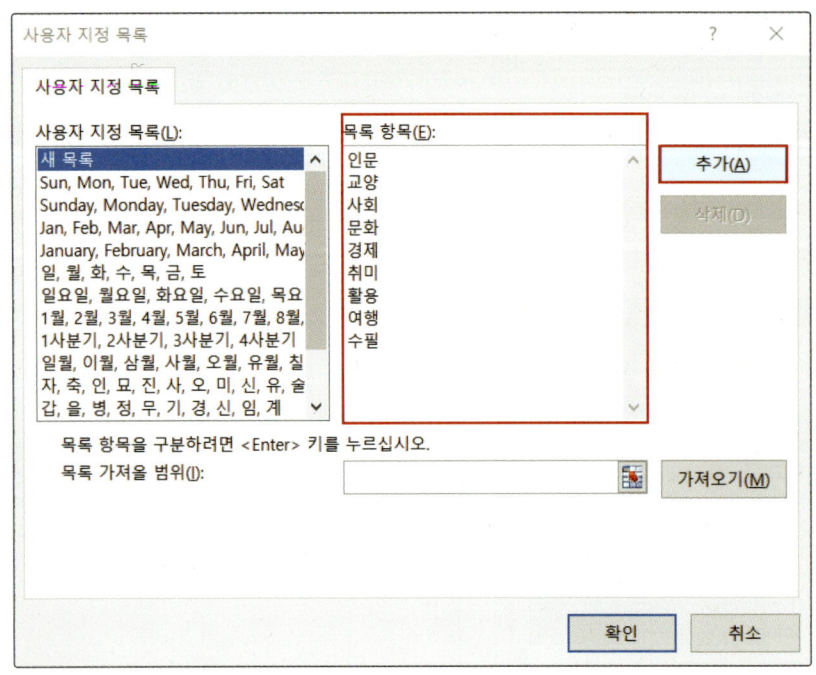

4. 계속해서 [사용자 지정 목록] 탭에 새로운 목록이 추가되면 [확인] 단추를 클릭하고, 다시 [Excel 옵션] 대화 상자에서 [확인] 단추를 클릭합니다.

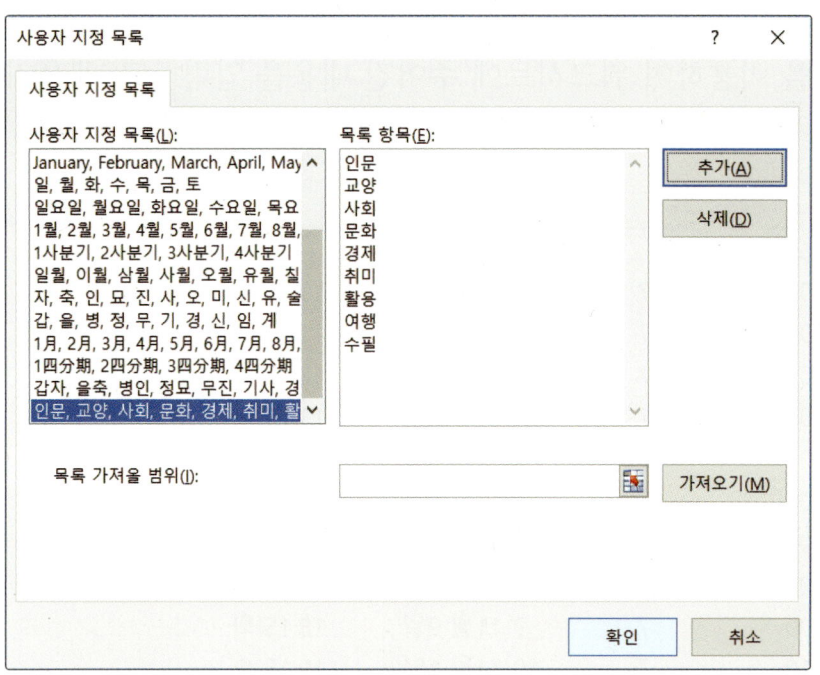

5. [H1] 셀에 "인문"을 입력한 후 채우기 핸들을 [H12] 셀까지 드래그하면 새롭게 추가한 항목이 순서대로 나열되는 것을 확인할 수 있습니다.

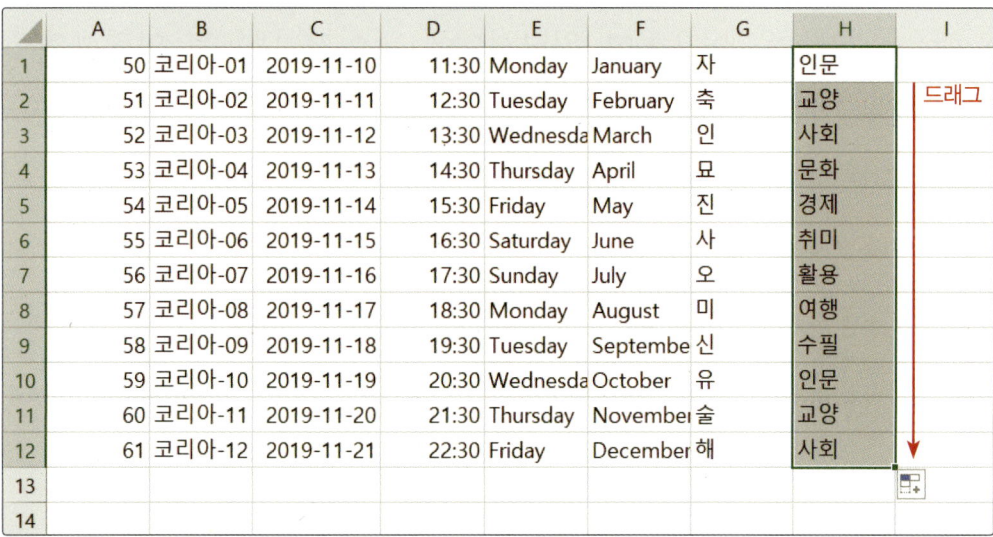

혼자 풀어보기

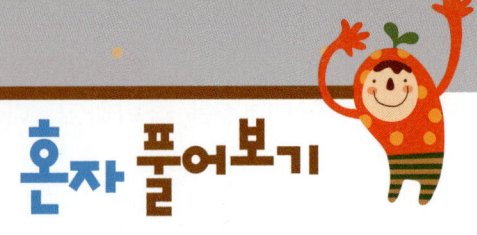

① 자동 채우기 기능을 이용하여 워크시트에 주어진 내용을 입력하고 '채우기.xlsx' 파일로 저장해 보세요.

	A	B	C	D	E	F	G
1	문자	문자/숫자	숫자	숫자 증가	날짜	시간	요일
2	엑셀	한국-01	7	1	11월 1일	10:15	월
3	엑셀	한국-02	7	2	11월 2일	11:15	화
4	엑셀	한국-03	7	3	11월 3일	12:15	수
5	엑셀	한국-04	7	4	11월 4일	13:15	목
6	엑셀	한국-05	7	5	11월 5일	14:15	금
7	엑셀	한국-06	7	6	11월 6일	15:15	토
8	엑셀	한국-07	7	7	11월 7일	16:15	일
9	엑셀	한국-08	7	8	11월 8일	17:15	월
10	엑셀	한국-09	7	9	11월 9일	18:15	화
11	엑셀	한국-10	7	10	11월 10일	19:15	수
12	엑셀	한국-11	7	11	11월 11일	20:15	목
13	엑셀	한국-12	7	12	11월 12일	21:15	금

 HINT 숫자 증가는 `Ctrl` 키를 누른 상태에서 채우기 핸들을 드래그 합니다.

② 자동 채우기 기능을 이용하여 워크시트에 주어진 내용을 입력하고 '봉사활동.xlsx' 파일로 저장해 보세요.

	A	B	C	D	E	F	G
1							
2		■ 봉사 활동 참석 현황 ■					
3							
4		성명	요일	날짜	유아반	초등반	중등반
5		김희래	월요일	2019-03-08	참석	×	참석
6		장원기	화요일	2019-03-09	×	참석	×
7		백정숙	수요일	2019-03-10	×	×	참석
8		윤석신	목요일	2019-03-11	×	참석	×
9		조혜란	금요일	2019-03-12	참석	×	×
10		홍동기	토요일	2019-03-13	×	참석	×
11		남은주	일요일	2019-03-14	×	×	참석
12		이영채	월요일	2019-03-15	×	참석	×
13		한희연	화요일	2019-03-16	참석	×	참석

 HINT 동일한 내용을 한 번에 입력하려면 `Ctrl` 키를 이용하여 해당 셀을 모두 선택한 후 데이터 내용을 입력하고 `Ctrl` + `Enter` 키를 누릅니다.

 자동 채우기 기능을 이용하여 워크시트에 주어진 내용을 입력하고 '아파트.xlsx' 파일로 저장해 보세요.

	A	B	C	D	E	F	G
1							
2		♣ 아파트 분양 현황 ♣					
3							
4		순위	아파트명	차수	경쟁률	가구수	분양일시
5		1	브러운스톤	2차	7:1	800	2019-08-20
6		2	푸르지요	3차	3:1	650	2019-08-21
7		3	미래안	4차	5:1	1000	2019-08-22
8		4	서울아너스빌	5차	10:1	400	2019-08-23
9		5	행복캐슬	6차	6:1	750	2019-08-24
10		6	센트빌	7차	12:1	850	2019-08-25
11		7	현대플러스	8차	8:1	900	2019-08-26
12		8	스카이파크	9차	15:1	550	2019-08-27
13		9	웃음세상	10차	2:1	1200	2019-08-28

 A열의 너비는 해당 열 머리글의 경계선에서 마우스를 왼쪽으로 드래그하여 적당히 조절합니다.

 워크시트에 주어진 내용을 입력하되 수입국가의 자동 채우기가 실행되도록 사용자 지정 목록에 추가한 후 '수입현황.xlsx' 파일로 저장해 보세요.

	A	B	C	D	E	F	G
1							
2		※ 나라별 수입 현황					
3							
4		거래코드	제품명	수입국가	수입일시	책임자	수입가격
5		AX-01	용접기	일본	2020-04-15	정세훈	350000
6		AX-02	오버홀	중국	2020-04-16	한예진	1200000
7		AX-03	고어텍스	영국	2020-04-17	서혜인	470000
8		AX-04	비철금속	미국	2020-04-18	이윤우	150000
9		AX-05	열연강판	프랑스	2020-04-19	신혜원	250000
10		AX-06	오버홀	독일	2020-04-20	김경희	2000000
11		AX-07	용접기	캐나다	2020-04-21	표기석	550000
12		AX-08	고어텍스	이탈리아	2020-04-22	구창민	1700000
13		AX-09	열연강판	인도	2020-04-23	오영진	600000

 [사용자 지정 목록] 대화 상자의 목록 항목에 일본, 중국, 영국, 미국, 프랑스, 독일, 캐나다, 이탈리아, 인도 순으로 입력하고 [추가] 단추를 클릭합니다.

SECTION 04 워크시트 내용 편집하기

E·X·C·E·L·2·0·1·6

워크시트의 문서 작성을 자유롭게 하기 위해서는 다양한 데이터의 편집 방법을 숙지해야 합니다. 특히, 가장 기본적인 편집 기술에 해당하는 데이터의 이동과 복사 그리고 행/열의 삽입과 삭제 방법을 바탕으로 워크시트 탭의 이름을 변경하고, 필요에 따라 워크시트를 추가 및 삭제하는 방법에 대해서 알아봅니다.

1 데이터 이동 및 복사하기

1. 워크시트에 주어진 내용을 입력한 후 [B2:D10] 영역을 블록 지정하고, [홈] 탭의 [클립보드] 그룹에서 잘라내기(✂) 단추를 클릭합니다.

	A	B	C	D	E	F	G	H	I
1									
2		성명	주민번호	외국어					
3		홍길동	761213-*	일본어					
4		홍길서	850321-*	영어					
5		홍길남	880507-*	불어					
6		홍길북	930515-*	스페인어					
7		홍흥동	750809-*	아랍어					
8		홍흥서	831214-*	중국어					
9		홍흥남	750305-*	프랑스어					
10		홍흥북	931216-*	러시아어					
11									

2. 계속해서 [F2] 셀을 클릭한 후 [홈] 탭의 [클립보드] 그룹에서 붙여넣기(📋) 단추를 클릭합니다. 그 결과 해당 데이터가 이동됩니다.

	A	B	C	D	E	F	G	H	I
1									
2						성명	주민번호	외국어	
3						홍길동	761213-*	일본어	
4						홍길서	850321-*	영어	
5						홍길남	880507-*	불어	
6						홍길북	930515-*	스페인어	
7						홍흥동	750809-*	아랍어	
8						홍흥서	831214-*	중국어	
9						홍흥남	750305-*	프랑스어	
10						홍흥북	931216-*	러시아어	
11									

tip 잘라내기와 복사 단축키

잘라내기 : `Ctrl` + `X`, 복사 : `Ctrl` + `C`, 붙여넣기 : `Ctrl` + `V`

3. [F2:H10] 영역이 블록 지정된 상태에서 이번에는 [홈] 탭의 [클립보드] 그룹에서 복사( ) 단추를 클릭하고, 다시 [B2] 셀에서 붙여넣기( ) 단추를 클릭합니다. 그 결과 해당 데이터가 복사됩니다.

> **tip 마우스 이용한 이동 및 복사하기**
> - 이동 : 블록 지정된 데이터의 가장 자리를 드래그하면 이동됩니다.
> - 복사 : 블록 지정된 데이터의 가장 자리를 Ctrl + 드래그하면 복사됩니다.

2 셀 삽입 및 삭제하기

1. [B5:D6] 영역을 블록 지정한 후 마우스 오른쪽 단추를 클릭하여 나타난 단축 메뉴에서 [삽입]을 선택합니다. [삽입] 대화 상자가 나타나면 '셀을 아래로 밀기'를 선택하고 [확인] 단추를 클릭합니다.

> **tip 셀 삽입**
> 해당 영역을 블록 지정한 후 [홈] 탭의 [셀] 그룹에서 삽입( ) 단추를 클릭해도 됩니다.

2. 그 결과 블록 지정한 영역에 새로운 셀이 삽입되면서 나머지 내용은 아래로 밀려납니다.

	A	B	C	D	E	F	G	H	I
1									
2		성명	주민번호	외국어		성명	주민번호	외국어	
3		홍길동	761213-*	일본어		홍길동	761213-*	일본어	
4		홍길서	850321-*	영어		홍길서	850321-*	영어	
5						홍길남	880507-*	불어	
6						홍길북	930515-*	스페인어	
7		홍길남	880507-*	불어		홍흉동	750809-*	아랍어	
8		홍길북	930515-*	스페인어		홍흉서	831214-*	중국어	
9		홍흉동	750809-*	아랍어		홍흉남	750305-*	프랑스어	
10		홍흉서	831214-*	중국어		홍흉북	931216-*	러시아어	
11		홍흉남	750305-*	프랑스어					
12		홍흉북	931216-*	러시아어					
13									

3. [B5:D6] 영역이 블록 지정된 상태에서 마우스 오른쪽 버튼을 클릭하여 나타난 단축 메뉴에서 [삭제]를 선택합니다. [삭제] 대화 상자가 나타나면 '셀을 위로 밀기'를 선택하고 [확인] 단추를 클릭합니다. 그러면 블록 지정한 영역이 삭제되면서 아래 있는 내용이 다시 올라옵니다.

	A	B	C	D	E	F	G	H	I
1									
2		성명	주민번호	외국어		성명	주민번호	외국어	
3		홍길동	761213-*	일본어					
4		홍길서	850321-*	영어					
5									
6								페인어	
7		홍길남	880507-*	불어					
8		홍길북	930515-*	스페인어				국어	
9		홍흉동	750809-*	아랍어				상스어	
10		홍흉서	831214-*	중국어				아어	
11		홍흉남	750305-*	프랑스어					
12		홍흉북	931216-*	러시아어					
13									

[삭제] 대화 상자:
- ○ 셀을 왼쪽으로 밀기(L)
- ● 셀을 위로 밀기(U)
- ○ 행 전체(R)
- ○ 열 전체(C)

[확인] [취소]

tip 셀 삭제

해당 영역을 블록 지정한 후 [홈] 탭의 [셀] 그룹에서 삭제(삭제) 단추를 클릭해도 됩니다.

3 시트 탭 삽입 및 삭제하기

1. 시트 탭의 이름을 변경하려면 해당 탭을 더블 클릭하여 시트 이름이 반전 상태가 되면 새로운 이름(외국어)을 입력하고 Enter 키를 누릅니다.

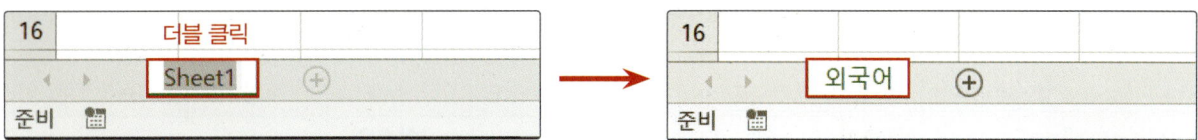

2. 새로운 시트를 삽입(추가)하려면 탭 오른쪽에 있는 새 시트(⊕)를 클릭합니다.

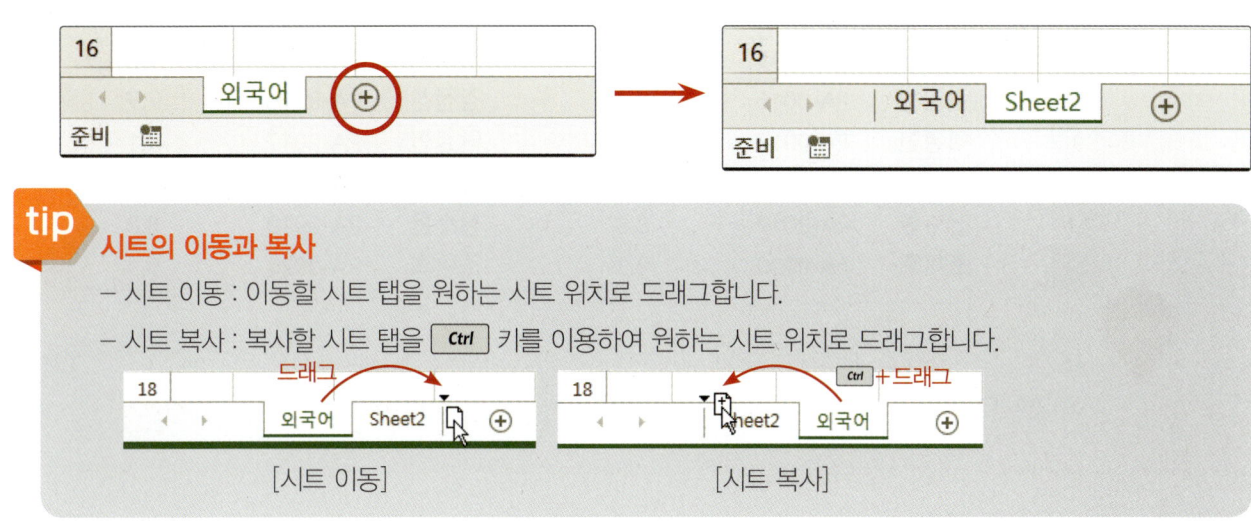

> **tip 시트의 이동과 복사**
> - 시트 이동 : 이동할 시트 탭을 원하는 시트 위치로 드래그합니다.
> - 시트 복사 : 복사할 시트 탭을 Ctrl 키를 이용하여 원하는 시트 위치로 드래그합니다.
>
> [시트 이동] [시트 복사]

3. 불필요한 시트를 삭제하려면 해당 시트 탭에서 마우스 오른쪽 버튼을 클릭하여 나타난 단축 메뉴에서 [삭제]를 선택합니다.

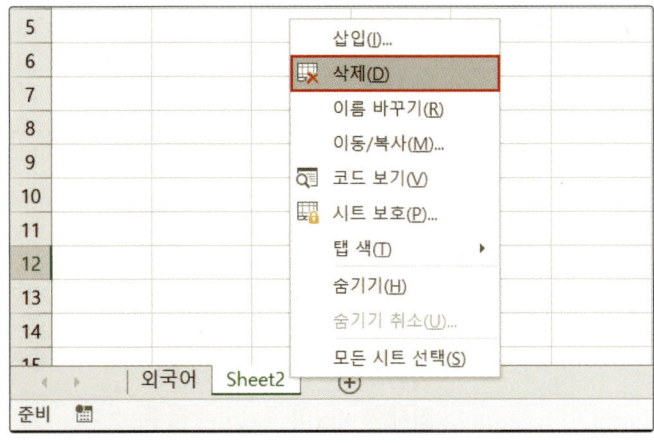

> **tip 시트 삭제하기** : 삭제하려는 시트에 데이터가 있는 경우 '시트 삭제를 취소할 수 없으며 데이터가 제거될 수 있습니다.'라는 메시지 대화 상자가 나타나는데 여기에서 [삭제] 단추를 클릭하면 해당 시트가 삭제됩니다.

혼자 풀어보기

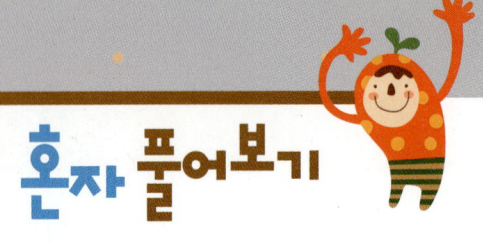

1 워크시트에 [실습1]의 내용을 입력한 후 마우스를 이용하여 [실습2]에 데이터를 복사하고 '사원평가.xlsx' 파일로 저장해 보세요.

A	B	C	D	E	F	G	H
1	[실습1]				[실습2]		
2	사원	사번	평가		사원	사번	평가
3	박기남	PA-0011	7.5		박기남	PA-0011	7.5
4	채미나	PA-0012	6.1		채미나	PA-0012	6.1
5	안용화	PA-0013	9.4		안용화	PA-0013	9.4
6	장세희	PA-0014	5.5		장세희	PA-0014	5.5
7	나형완	PA-0015	8.2		나형완	PA-0015	8.2
8	김진선	PA-0016	7.7		김진선	PA-0016	7.7
9	이영헌	PA-0017	9.1		이영헌	PA-0017	9.1
10	문지영	PA-0018	6.4		문지영	PA-0018	6.4
11	신수환	PA-0019	8.8		신수환	PA-0019	8.8
12	조미희	PA-0020	9.3		조미희	PA-0020	9.3

HINT [B2:D12] 영역을 블록 지정하고 데이터의 가장 자리에서 마우스 포인터가 변경되면 Ctrl + 드래그하여 복사합니다.

2 워크시트에 [실습1]의 내용을 입력한 후 [실습2]로 복사하고, '박지혜' 아래에 셀을 삽입하여 추가 내용을 입력한 다음 '지역.xlsx' 파일로 저장해 보세요.

A	B	C	D	E	F	G	H
1	[실습1]				[실습2]		
2	성명	성별	지역		성명	성별	지역
3	서창호	남	부산		서창호	남	부산
4	박지혜	여	서울		박지혜	여	서울
5	염창민	남	대구		우승호	남	울산
6	이수진	여	광주		한희연	여	여수
7	왕수용	남	인천		염창민	남	대구
8	임현정	여	대전		이수진	여	광주
9	김인호	남	마산		왕수용	남	인천
10	최재향	여	경주		임현정	여	대전
11					김인호	남	마산
12					최재향	여	경주

HINT [F5:H6] 영역을 블록 지정한 후 [삽입] 대화 상자에서 '셀을 아래로 밀기'를 선택합니다.

 워크시트에 [실습1]의 내용을 입력하여 '감사부'만 [실습2]로 복사한 후 주어진 시트명을 입력하고 '부서별관리.xlsx' 파일로 저장해 보세요.

	A	B	C	D	E	F	G	H
1		[실습1]				[실습2]		
2		사원코드	사원명	부서		사원코드	사원명	부서
3		MBS-111	조태희	기획부		MBS-115	최지현	감사부
4		MBS-112	김우성	기획부		MBS-116	양동건	감사부
5		MBS-113	윤가인	기획부		MBS-117	방효진	감사부
6		MBS-114	박성재	기획부		MBS-118	성병헌	감사부
7		MBS-115	최지현	감사부				
8		MBS-116	양동건	감사부				
9		MBS-117	방효진	감사부				
10		MBS-118	성병헌	감사부				

부서관리

 해당 시트 탭을 더블 클릭한 후 시트 이름이 반전 상태가 되면 "부서관리"를 입력하고, Enter 키를 누릅니다.

 워크시트에 [실습1]의 내용을 입력하고 [실습2]에는 행/열을 바꾸어 복사한 후, 주어진 시트명을 입력하고 '지역별분기.xlsx' 파일로 저장해 보세요.

	A	B	C	D	E	F	G	H
1		[실습1]						
2		구분	1사분기	2사분기	3사분기	4사분기	작년총계	
3		경기도	70	96	47	78	280	
4		강원도	65	85	58	45	265	
5		전라도	45	74	69	98	310	
6		경상도	90	63	41	65	330	
7		제주도	80	52	77	91	295	
8								
9		[실습2]						
10		구분	경기도	강원도	전라도	경상도	제주도	
11		1사분기	70	65	45	90	80	
12		2사분기	96	85	74	63	52	
13		3사분기	47	58	69	41	77	
14		4사분기	78	45	98	65	91	
15		작년총계	280	265	310	330	295	

지역별-분기현황

HINT [B2:G7] 영역을 블록 지정한 후 복사하여 붙여넣기 할 때 붙여넣기 옵션으로 바꾸기( ) 단추를 클릭합니다.

SECTION 05 다양한 셀 서식으로 예쁘게 치장하기

셀 서식은 글꼴, 글꼴 스타일, 크기, 색, 효과, 텍스트 맞춤, 텍스트 조정, 텍스트 방향, 테두리, 채우기 등을 지정할 수 있습니다. 여기에서는 워크시트에 데이터를 작성한 후 글꼴 서식, 맞춤 서식, 테두리 서식, 채우기 서식 등 다양한 셀 서식을 지정하는 방법에 대해 알아봅니다.

1 글꼴과 맞춤 서식 지정하기

1. 워크시트에 주어진 내용을 입력한 후 [B2:F2] 영역을 블록 지정하고 [홈] 탭의 [글꼴] 그룹에서 글꼴, 크기, 색을 지정한 후 [맞춤] 그룹에서 병합하고 가운데 맞춤(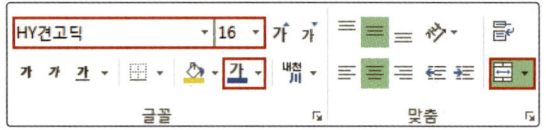)을 클릭합니다.

- 글꼴 : HY견고딕
- 글꼴 크기 : 16
- 글꼴 색 : 파랑

2. [B4:F4] 영역을 블록 지정한 후 [글꼴] 그룹에서 채우기 색( ) 단추를 클릭하고 '연한 녹색'을 선택합니다. 계속해서 [B4:F13] 영역을 블록 지정하고 [맞춤] 그룹에서 가운데 맞춤( ) 단추를 클릭합니다.

2 [셀 서식] 대화 상자 이용하기

1. [B4:F13] 영역을 블록 지정한 후 마우스 오른쪽 버튼을 클릭하여 나타난 단축 메뉴에서 [셀 서식]을 선택합니다.

2. [셀 서식] 대화 상자의 [테두리] 탭에서 선 스타일(실선)과 색(진한 파랑)을 지정하고 [미리 설정]에서 '안쪽'을 클릭합니다. 다시 선 스타일(굵은 실선)을 지정하고 [미리 설정]에서 '윤곽선'을 클릭한 후 [확인] 단추를 클릭합니다.

> **tip** [셀 서식] 대화 상자 나타내는 또다른 방법
> – [홈] 탭의 [글꼴] 그룹이나 [맞춤] 그룹에서 대화 상자 표시(⌐) 단추를 클릭합니다.
> – Ctrl + 1 키를 누릅니다.

3. 마지막으로 [F5:F13] 영역을 블록 지정한 후 [글꼴] 그룹에서 기울임꼴(가)과 글꼴 색(진한 빨강)을 지정합니다.

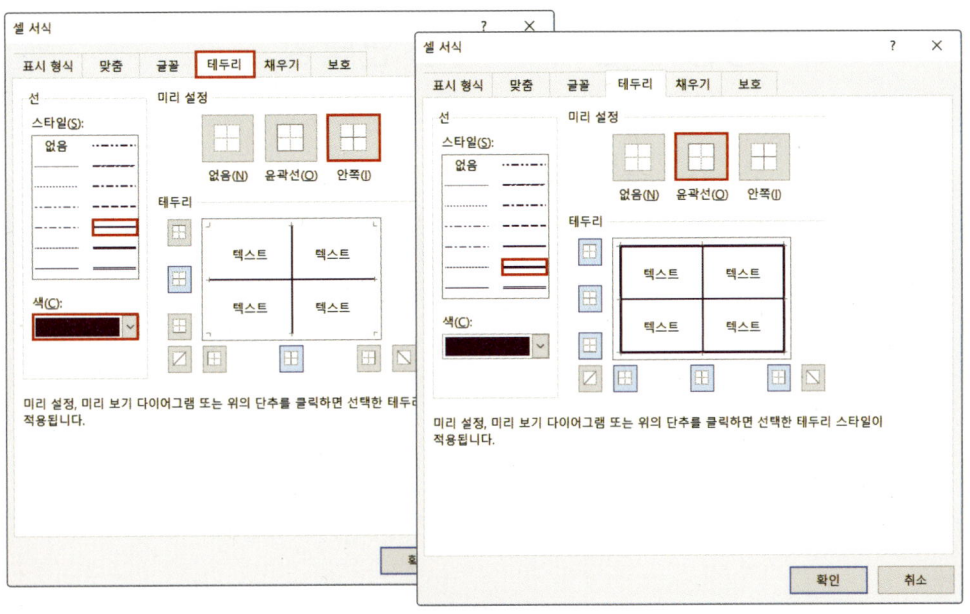

> **tip** 테두리(⊞▼) 단추
> [홈] 탭의 [글꼴] 그룹에서 테두리(⊞▼) 단추를 클릭하면 원하는 테두리 종류를 빠르게 선택할 수 있습니다.

Section 05 다양한 셀 서식으로 예쁘게 치장하기

혼자 풀어보기

① 워크시트에 주어진 내용을 입력한 후 글꼴 서식과 맞춤 서식을 지정하고 '연락망.xlsx' 파일로 저장해 보세요.

• 제목 : 맑은 고딕, 18pt, 진한 파랑 / 부제목 : 태 나무, 14pt, 진한 빨강

	A	B	C	D	E	F
1						
2		○○ 초등학교 비상 연락망				
3						
4		학생명	성별	반	연락처	주소
5		마현석	남	1반	02-903-1111	노원구 공릉로 203
6		이은정	여	3반	02-745-0101	도봉구 도당로27길
7		양진영	남	5반	02-988-2468	금천구 가산디지털로1로
8		성은경	여	7반	02-375-1357	구로구 우마길 1-10
9		강태지	남	2반	02-999-9753	강북구 인수봉로8길
10		임정현	여	4반	02-707-8642	강서구 양천로55길
11		공희열	남	6반	02-336-1029	관악구 승방4길
12		박소현	여	8반	02-556-5647	종로구 북촌로 46-3
13		홍현도	남	9반	02-964-3726	성북구 길음로 92

② 워크시트에 주어진 내용을 입력한 후 글꼴 서식과 맞춤 서식을 지정하고 '건강검진.xlsx' 파일로 저장해 보세요.

• 제목 : HY동녘M, 16pt, 자주 / 부제목 : 맑은 고딕, 12pt, 파랑 / 테두리 : 모든 테두리

	A	B	C	D	E	F	G
1							
2		건강검진 예약 현황					
3							
4		고객코드	고객명	주민번호	키(Cm)	몸무게(Kg)	구분
5		N-0601	국정원	810412-1	170	70	비보험
6		N-0602	이장청	791230-1	175	74.5	직장
7		N-0603	안기부	800102-2	180	80	직장
8		N-0604	염누리	921125-2	163	55.2	지역
9		N-0605	황우당	710425-1	177	80.6	지역
10		N-0606	김와대	840516-1	182	77.7	비보험
11		N-0607	감주연	900729-2	167	50	지역
12		N-0608	현정부	821026-1	183	68.4	직장
13		N-0609	채진실	751012-2	169	48	비보험

 워크시트에 주어진 내용을 입력한 후 글꼴 서식과 맞춤 서식을 지정하고 '문화센터.xlsx' 파일로 저장해 보세요.

- 제목 : MD솔체, 16pt, 연한 파랑 / 부제목 : 궁서체, 14pt, 진한 파랑, 채우기 색(노랑)
- 테두리 : 모든 테두리, 굵은 상자 테두리

강좌명	강사명	인원	수강료	강의시간	강좌일
실용영어	강용우	35	20000	2시간	월요일
수지침	조경아	10	15000	1시간	화요일
퀼트	김경선	15	10000	1시간30분	
포토샵	전용석	20	15000	2시간	목요일
인터넷	유효섭	25	20000	1시간30분	
홈패션	이무늬	30	30000	1시간	금요일
손글씨	박미진	15	15000	1시간30분	
꽃꽂이	함수진	10	25000	2시간	
수공예	주희경	20	35000	2시간	

 워크시트에 주어진 내용을 입력한 후 글꼴 서식과 맞춤 서식을 지정하고 '월드컵.xlsx' 파일로 저장해 보세요.

- 제목 : MD아트체, 18pt, 검정 / 부제목 : HY강B, 12pt, 굵게, 흰색, 채우기 색(빨강)
- 테두리 : 모든 테두리, 위쪽 및 아래쪽 '이중 테두리', 왼쪽 및 오른쪽 '없음'

회차	년도	개최국	우승	준우승	한국성적
20회	2014년	브라질	독일	아르헨티나	본선 탈락
19회	2010년	남아프리카공화국	스페인	네덜란드	16강
18회	2006년	독일	이탈리아	프랑스	본선 탈락
17회	2002년	한국/일본	브라질	독일	4위
16회	1998년	프랑스	프랑스	브라질	본선 탈락
15회	1994년	미국	브라질	이탈리아	본선 탈락
14회	1990년	이탈리아	서독	아르헨티나	본선 탈락
13회	1986년	멕시코	아르헨티나	서독	본선 탈락
12회	1982년	스페인	이탈리아	서독	본선 진출 실패

SECTION 06 표시 형식 이용하여 꾸미기

E·X·C·E·L·2·0·1·6

표시 형식은 수치 데이터의 입력 형식을 숫자, 통화, 회계, 날짜, 시간, 백분율, 분수, 지수 등으로 설정하는 기능이고, 사용자 지정 표시 형식은 다양한 서식 코드를 이용해서 입력된 수치 데이터를 사용자가 원하는 형식으로 표시하는 기능입니다. 여기에서는 표시 형식에 관련된 다양한 범주에 대해 알아봅니다.

1 데이터 표시 형식

1. 워크시트에 주어진 내용을 입력한 후 [E5:E12] 영역을 블록 지정하고 [홈] 탭의 [표시 형식] 그룹에서 쉼표 스타일(,) 단추를 클릭합니다.

관리코드	통신사	가입일	회선수	설치료	구성비율
AA-001	이수통신	2015-01-03	1024	150000	0.25
BB-920	한국넷	2017-04-15	850	357000	0.3425
CC-741	KS통신	2015-07-21	7410	201500	0.755
DD-852	보라넷	2012-08-05	8520	98000	0.125
EE-963	서울통신	2013-05-12	9630	401000	0.1475
FF-410	누리넷	2018-10-10	900	550220	0.2585
GG-257	제일통신	2018-03-09	2057	100000	0.365
HH-357	우리넷	2019-03-21	3008	85000	0.635

◎ 인터넷 회선 사용 현황 ◎

2. 계속해서 [F5:F12] 영역에는 회계 표시 형식( ) 단추를 클릭하고 [G5:G12] 영역에는 백분율 스타일(%) 단추를 클릭합니다.

관리코드	통신사	가입일	회선수	설치료	구성비율
AA-001	이수통신	2015-01-03	1,024	₩ 150,000	25%
BB-920	한국넷	2017-04-15	850	₩ 357,000	34%
CC-741	KS통신	2015-07-21	7,410	₩ 201,500	76%
DD-852	보라넷	2012-08-05	8,520	₩ 98,000	13%
EE-963	서울통신	2013-05-12	9,630	₩ 401,000	15%
FF-410	누리넷	2018-10-10	900	₩ 550,220	26%
GG-257	제일통신	2018-03-09	2,057	₩ 100,000	37%
HH-357	우리넷	2019-03-21	3,008	₩ 85,000	64%

> **tip 자릿수 늘림/줄임**
> - 자릿수 늘림( ) : 소수 이하 자릿수를 늘려 값을 자세히 표시합니다.
> - 자릿수 줄임( ) : 소수 이하 자릿수를 줄여 값을 간단히 표시합니다.

2 사용자 지정 표시 형식

1. [D5:D12] 영역을 블록 지정하고 Ctrl + 1 키를 누릅니다. [셀 서식] 대화 상자가 나타나면 [표시 형식] 탭에서 범주는 '날짜', 형식은 '2012년 3월 14일 수요일'을 선택하고 [확인] 단추를 클릭합니다.

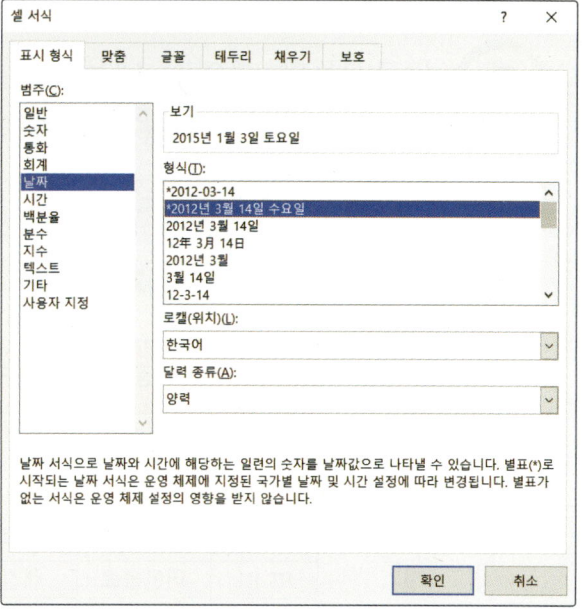

2. 이번에는 [E5:E12] 영역을 블록 지정한 후 [셀 서식] 대화 상자의 [표시 형식] 탭에서 범주는 '사용자 지정', 형식은 #,##0"개"를 입력하고 [확인] 단추를 클릭합니다.

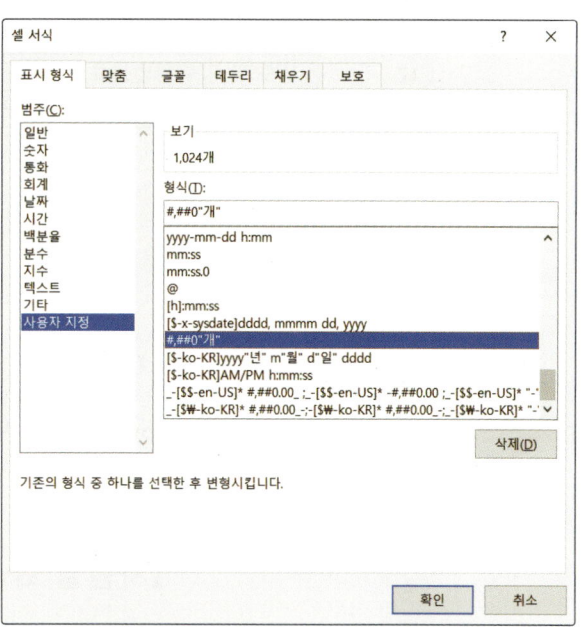

> **tip 서식 코드**
> - # : 유효 자릿수만 표시하며, 무효의 0은 표시하지 않습니다.
> - 0 : 무효의 0을 포함하여 숫자의 자릿수를 표시합니다.
> - , : 천 단위 구분자로 콤마를 삽입합니다.

3. 위에서 설정한 '가입일'과 '회선수'에 적용된 사용자 지정 표시 형식은 다음과 같습니다.

	A	B	C	D	E	F	G
1							
2				◎ 인터넷 회선 사용 현황 ◎			
3							
4		관리코드	통신사	가입일	회선수	설치료	구성비율
5		AA-001	이수통신	2015년 1월 3일 토요일	1,024개	₩ 150,000	25%
6		BB-920	한국넷	2017년 4월 15일 토요일	850개	₩ 357,000	34%
7		CC-741	KS통신	2015년 7월 21일 화요일	7,410개	₩ 201,500	76%
8		DD-852	보라넷	2012년 8월 5일 일요일	8,520개	₩ 98,000	13%
9		EE-963	서울통신	2013년 5월 12일 일요일	9,630개	₩ 401,000	15%
10		FF-410	누리넷	2018년 10월 10일 수요일	900개	₩ 550,220	26%
11		GG-257	제일통신	2018년 3월 9일 금요일	2,057개	₩ 100,000	37%
12		HH-357	우리넷	2019년 3월 21일 목요일	3,008개	₩ 85,000	64%

혼자 풀어보기

 워크시트에 주어진 내용을 입력한 후 데이터 표시 형식을 지정하고 '음료판매.xlsx' 파일로 저장해 보세요.

㈜제일상사 음료 판매 현황

코드	제품명	배송지	전반기 판매량	후반기 판매량	판매 가격
BQ-01	사이다	부산	7,410	8,425	₩ 1,500
GH-99	오렌지주스	울산	8,520	9,970	₩ 3,500
LO-56	콜라	마산	9,630	12,000	₩ 1,800
UY-23	딸기주스	광주	410	750	₩ 4,000
RT-81	이온음료	대전	520	860	₩ 2,500
MZ-66	메론주스	인천	3,510	4,560	₩ 4,500
AS-43	자몽주스	원주	1,530	2,230	₩ 5,000
WS-78	비타민음료	청주	4,560	5,980	₩ 3,000
PE-88	키위주스	대구	1,230	2,480	₩ 3,800

HINT '전반기/후반기 판매량'에는 쉼표 스타일을, '판매 가격'에는 회계 표시 형식을 각각 지정합니다.

 워크시트에 주어진 내용을 입력한 후 데이터 표시 형식을 지정하고 '외국어평가.xlsx' 파일로 저장해 보세요.

【사원별 외국어 평가 현황】

성명	생년월일	부서	말하기	듣기	쓰기
김준홍	75年 2月 11日	홍보과	9.20	5.10	10.00
손은희	83年 4月 5日	총무과	8.50	6.20	7.90
유재선	73年 9月 28日	기획과	6.30	7.10	4.60
노사현	86年 7月 7日	경리과	7.10	8.20	8.90
박명순	70年 11月 14日	총무과	8.80	9.30	5.60
감숙원	89年 6月 19日	홍보과	7.40	6.90	9.70
정준해	91年 1月 1日	기획과	8.50	5.80	6.40
이영지	80年 12月 3日	경리과	9.60	4.70	7.70
피수용	79年 8月 5日	홍보과	4.10	5.50	6.10

HINT '생년월일'에는 [셀 서식] 대화 상자의 12年 3月 14日 형식을, '말하기/듣기/쓰기'에는 [자릿수 늘림] 단추를 이용하여 소수 둘째 자리까지 표시합니다.

 워크시트에 주어진 내용을 입력한 후 데이터 및 사용자 지정 표시 형식을 지정하고 '홈쇼핑.xlsx' 파일로 저장해 보세요.

	A	B	C	D	E	F	G
1							
2		▨ TV 홈 쇼핑 판매 현황 ▨					
3							
4		상품코드	상품명	방송시간	판매가 (단위 : 원)	판매량	비고
5		KF-0001	청소기	9:00 AM	₩ 150,000	1,100개	
6		KF-0002	미싱	10:30 AM	₩ 250,000	850개	
7		KF-0003	밀폐용기	12:10 PM	₩ 45,000	2,000개	매진
8		KF-0004	멀티락	2:20 PM	₩ 55,000	3,100개	매진
9		KF-0005	원액기	3:00 PM	₩ 200,000	950개	
10		KF-0006	오븐	4:40 PM	₩ 350,000	1,530개	
11		KF-0007	주방타월	5:15 PM	₩ 30,000	3,500개	매진
12		KF-0008	믹서기	6:35 PM	₩ 175,000	2,200개	
13		KF-0009	찜기	8:50 PM	₩ 95,000	1,850개	매진

 '방송시간'에는 1:30 PM 형식을, '판매가'에는 회계 표시 형식을, '판매량'에는 쉼표 스타일과 #,##0"개"를 각각 지정합니다.

 워크시트에 주어진 내용을 입력한 후 데이터 및 사용자 지정 표시 형식을 지정하고 '예능대회.xlsx' 파일로 저장해 보세요.

	A	B	C	D	E	F	G
1							
2		♬학생별 예능 경연 대회♬					
3							
4		부문	담당자	초등학생	중학생	고등학생	시간
5		피아노	김경선 님	190	1,230	2,580	오전 9:30
6		바이올린	나유진 님	280	2,340	3,690	
7		독창	맹홍재 님	470	1,520	1,470	오전 10:30
8		리코더	박상미 님	100	1,630	1,048	
9		가야금	신유진 님	65	1,870	2,030	오전 11:30
10		드럼	심용진 님	1,020	950	770	
11		트럼펫	유승갑 님	550	1,085	1,980	오전 1:30
12		장구	은석훈 님	680	800	2,000	
13		거문고	이영섭 님	1,550	1,770	475	오전 2:30
14					발표일	2019년 12월 30일 월요일	

 '담당자'에는 @ "님" 형식을, '초등학생/중학생/고등학생'에는 쉼표 스타일을, '시간'에는 오후 1:30을, '발표일'에는 2012년 3월 14일 수요일을 각각 지정합니다.

SECTION 07 조건부 서식 이용하기

EXCEL 2016

조건부 서식은 특정 조건에 따라 데이터의 막대, 색조, 아이콘 집합을 사용하여 주요 셀이나 예외적인 값을 강조하고 데이터를 시각적으로 표시하는 기능입니다. 여기에서는 가장 기본적인 규칙을 바탕으로 시각적인 조건부 서식을 지정하는 방법에 대해 알아봅니다.

1 조건부 서식 지정하기

1. '자원봉사.xlsx' 파일을 불러온 후 [C5:C13] 영역을 블록 지정하고, [홈] 탭의 [스타일] 그룹에서 조건부 서식(조건부 서식▼) 단추를 클릭한 다음 [셀 강조 규칙]-[같음]을 선택합니다. [같음] 대화 상자에서 "노인"을 입력한 후 적용할 서식으로 '연한 빨강 채우기'를 선택하고 [확인] 단추를 클릭합니다.

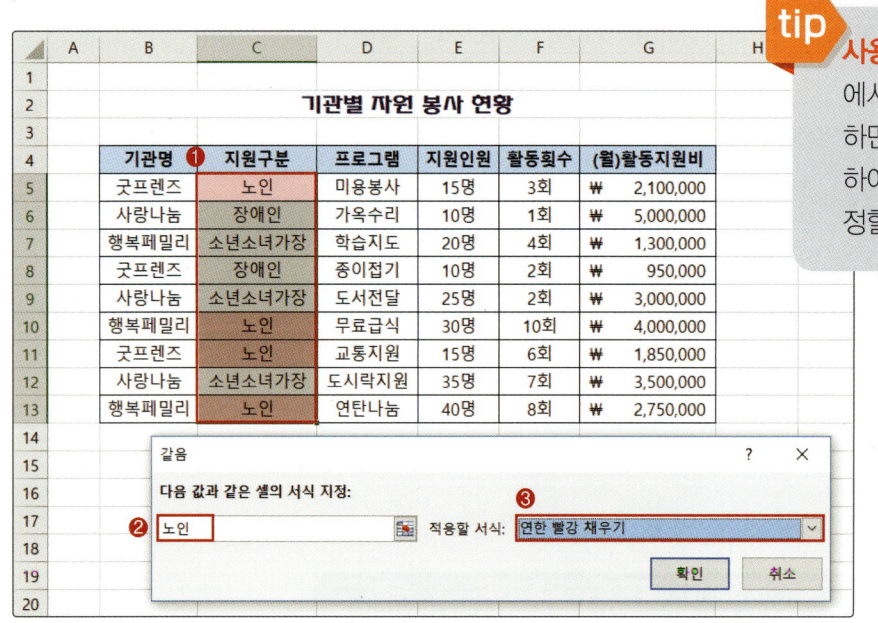

tip 사용자 지정 서식 : 적용할 서식에서 '사용자 지정 서식'을 선택하면 [셀 서식] 대화 상자를 이용하여 사용자가 원하는 서식을 지정할 수 있습니다.

2. [E5:E13] 영역을 블록 지정한 후 조건부 서식(조건부 서식▼) 단추를 클릭하고 [상위/하위 규칙]-[상위 10개 항목]을 선택합니다. [상위 10개 항목] 대화 상자에서 상위 순위로 '3'을 지정하고, 적용할 서식으로 '진한 노랑 텍스트가 있는 노랑 채우기'를 선택한 후 [확인] 단추를 클릭합니다.

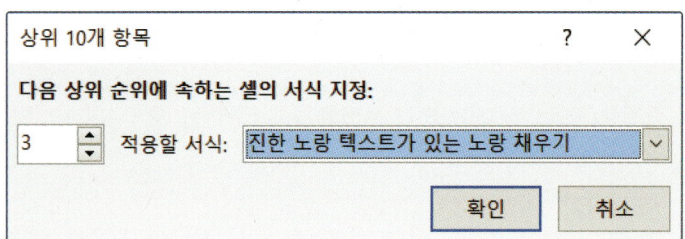

2 데이터 막대/색조/아이콘 집합 조건부 서식

1. [F5:F13] 영역을 블록 지정한 후 조건부 서식(조건부 서식▼) 단추를 클릭하고 [데이터 막대]-[그라데이션 채우기]-[녹색 데이터 막대]를 선택합니다.

> **tip**
> **색조** : 조건부 서식의 색조는 셀 범위에 단색 그라데이션을 적용하는데 이는 셀 범위에서 각각의 셀이 해당되는 위치를 나타냅니다.

2. 마지막으로 [G5:G13] 영역을 블록 지정한 후 조건부 서식(조건부 서식▼) 단추를 클릭하고 [아이콘 집합]-[추천]-[상자 5개]를 선택하여 완성합니다.

> **tip**
> **조건부 서식 지우기** : [홈] 탭의 [스타일] 그룹에서 조건부 서식(조건부 서식▼) 단추를 클릭하고 [규칙 지우기]-[선택한 셀의 규칙 지우기] 또는 [시트 전체에서 규칙 지우기]를 선택합니다.

혼자 풀어보기

1 워크시트에 주어진 내용을 입력한 후 해당 조건부 서식을 지정하고 '성적현황.xlsx' 파일로 저장해 보세요.

- 조건 : 전과목 성적 중 상위 10%에 해당하는 셀에만 '연한 빨강 채우기'를 설정

『1학기 과목별 성적 현황』

학생명	성별	반	국어	영어	수학	외국어
황기선	남	A반	78	99	77	85
박미순	여	B반	45	71	90	93
김정열	남	C반	98	82	100	82
이보하	여	A반	65	93	75	71
평연숙	여	B반	70	47	84	70
최양녹	남	C반	80	58	86	80
채봉원	남	A반	90	69	95	90
하미숙	여	B반	100	88	76	40
주병창	남	C반	55	76	94	60

 HINT [조건부 서식]-[상위/하위 규칙]-[상위 10%]를 선택합니다.

2 워크시트에 주어진 내용을 입력한 후 해당 조건부 서식을 지정하고 '급여현황.xlsx' 파일로 저장해 보세요.

- 조건 : 급여액 중에서 평균 미만인 셀에만 '진한 녹색 텍스트가 있는 녹색 채우기'를 설정

○ 직원별 급여 현황 ○

				2020년 12월 기준
사원번호	사원명	직위	부서	입사일	급여액
qaz-01	윤수인	부장	재무과	2011-04-02	₩3,500,000
wsx-02	박일정	사원	생산과	2016-05-12	₩1,350,000
edc-03	최진이	차장	홍보과	2010-11-19	₩3,000,000
rfv-04	주연미	사원	총무과	2015-06-28	₩1,550,000
tgb-05	전인건	사원	재무과	2016-04-01	₩1,400,000
yhn-06	이은호	대리	생산과	2014-03-10	₩1,900,000
ujm-07	남희준	과장	홍보과	2012-09-06	₩2,400,000
ikl-08	양수정	사원	총무과	2015-08-02	₩1,650,000
opl-09	강수진	과장	영업과	2013-07-07	₩2,500,000

 HINT [조건부 서식]-[상위/하위 규칙]-[평균 미만]을 선택합니다.

 워크시트에 주어진 내용을 입력한 후 해당 조건부 서식을 지정하고 '주가현황.xlsx' 파일로 저장해 보세요.

• 조건 : 실적이익에 대해 데이터 막대의 '빨강 데이터 막대'를 설정

분야	종목	분기종가	예상주가	등락률	실적이익
의약	한국제약	₩65,000	₩67,500	2.4	₩21,000,000
식품	건강식품	₩10,500	₩10,000	0.9	₩12,300,000
의약	미래제약	₩45,000	₩32,000	0.75	₩8,500,000
전자	HT전자	₩50,000	₩75,000	3.2	₩35,700,000
통신	초고속통신	₩25,000	₩26,500	1.4	₩23,500,000
의약	앞선제약	₩37,000	₩20,000	0.5	₩4,500,000
의약	성공제약	₩60,000	₩46,000	0.43	₩7,000,000
식품	좋은식품	₩9,500	₩9,900	1.7	₩1,530,000
전자	우주전자	₩56,000	₩51,000	0.87	₩3,150,000

 워크시트에 주어진 내용을 입력한 후 해당 조건부 서식을 지정하고 '뮤지션.xlsx' 파일로 저장해 보세요.

• 조건 : 가창력/안무/인기 점수에 대해 아이콘 집합의 '별 3개'를 설정

참가자	생년월일	성별	신청분야	가창력 점수	안무 점수	인기 점수
박영일	1999-01-23	남	락	75	78	74
이정온	1998-06-28	여	발라드	80	89	85
강구민	2002-11-22	남	R&B	95	98	96
차화연	1995-05-09	여	댄스	40	65	41
전승열	2001-09-01	남	발라드	50	56	52
조은지	1998-06-14	여	댄스	85	45	63
배상훈	1995-04-30	남	댄스	60	64	71
문정화	1996-12-02	여	R&B	70	97	82
서민석	1997-07-15	남	락	90	74	93

SECTION 08 워크시트 관리하고 인쇄하기

E·X·C·E·L·2·0·1·6

워크시트에 있는 많은 양의 데이터를 엑셀의 영역 이동과 상관없이 틀을 고정하거나 창을 나누면 원하는 화면을 편리하게 볼 수 있습니다. 또한, 워크시트 문서를 미리 보기로 확인한 후 용도에 맞게 설정하여 프린터로 인쇄하는 방법에 대해 알아봅니다.

1 틀 고정과 창 나누기

1. '물품구매.xlsx' 파일을 불러온 후 고정시킬 행과 열 사이([E10] 셀)에 셀 포인터를 위치시킨 다음 [보기] 탭의 [창] 그룹에서 틀 고정() 단추를 클릭하여 [틀 고정]을 선택합니다.

2. 틀 고정선이 나타나면 마우스나 키보드의 방향키를 이용하여 데이터를 이동하면 [E10] 셀이 고정되어 있는 것을 확인할 수 있습니다.

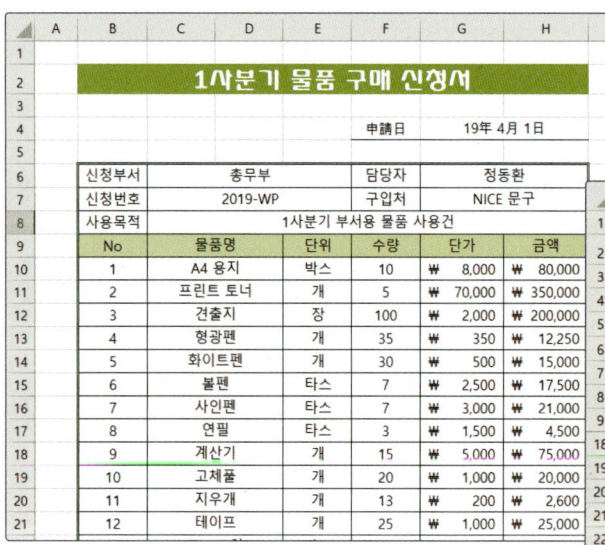

마우스로 화면 아래로 스크롤 해도 10행 이전의 내용은 고정되어 나타납니다.

> **tip**
> **틀 고정** : 데이터의 양이 많을 때 특정 행과 열을 고정시켜 화면에 항상 표시되도록 하는 기능으로 고정시킬 행의 아래쪽 또는 열의 오른쪽 셀에 셀 포인터를 위치시켜야 합니다.

3. 틀 고정을 취소하기 위하여 [보기] 탭의 [창] 그룹에서 틀 고정() 단추를 클릭하여 [틀 고정 취소]를 선택합니다.

4. 이번에는 창을 나눌 행과 열 사이([E10] 셀)에 셀 포인터를 위치시킨 후 [보기] 탭의 [창] 그룹에서 나누기(나누기) 단추를 클릭합니다. 그 결과 마우스나 키보드의 방향키를 이용하여 데이터를 이동하면 현재의 워크시트가 4개의 창으로 분할된 것을 확인할 수 있으며, 창 나누기를 해제하려면 다시 나누기(나누기) 단추를 클릭합니다.

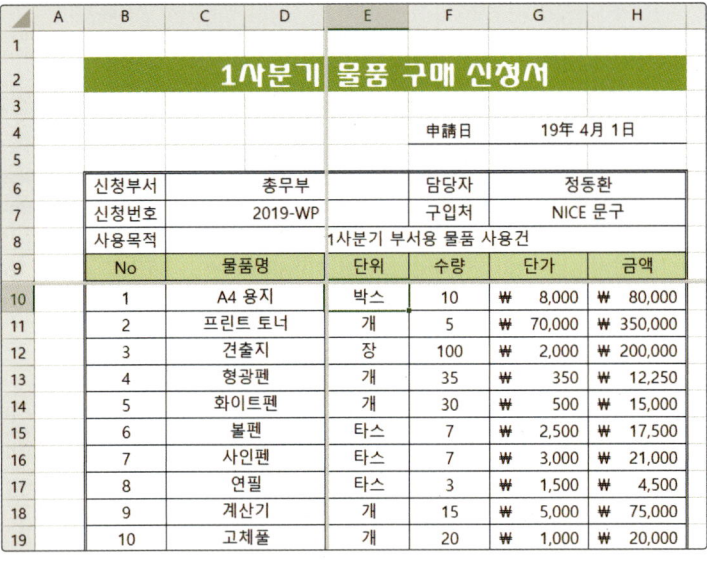

> **tip** **창 나누기** : 워크시트를 최대 4개까지 분할할 수 있으며, 특정 셀에서 창 나누기를 실행하면 선택된 셀의 왼쪽과 위쪽을 기준으로 분할됩니다.

2 워크시트 인쇄하기

1. [파일] 탭에서 [인쇄]를 선택하고 화면 오른쪽의 미리 보기에서 인쇄 형태를 확인합니다.

2. 현재의 워크시트를 인쇄하기 위해 복사본(인쇄 매수)을 지정하고, 인쇄( ) 단추를 클릭합니다.

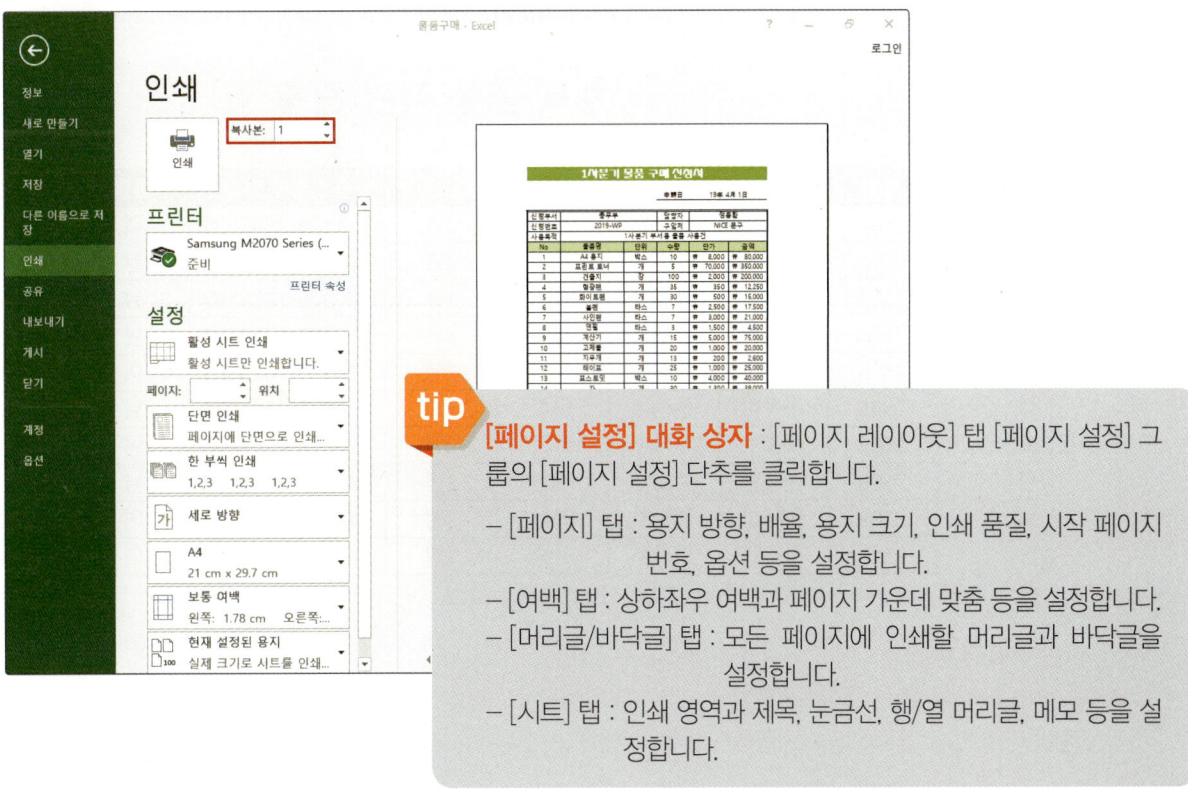

> **tip** **[페이지 설정] 대화 상자** : [페이지 레이아웃] 탭 [페이지 설정] 그룹의 [페이지 설정] 단추를 클릭합니다.
> – [페이지] 탭 : 용지 방향, 배율, 용지 크기, 인쇄 품질, 시작 페이지 번호, 옵션 등을 설정합니다.
> – [여백] 탭 : 상하좌우 여백과 페이지 가운데 맞춤 등을 설정합니다.
> – [머리글/바닥글] 탭 : 모든 페이지에 인쇄할 머리글과 바닥글을 설정합니다.
> – [시트] 탭 : 인쇄 영역과 제목, 눈금선, 행/열 머리글, 메모 등을 설정합니다.

혼자 풀어보기

① '계약현황.xlsx' 파일을 불러온 후 [F5] 셀에서 틀 고정을 지정해 보세요.

	A	B	C	D	E	F	G	H	I
1									
2		HAPPY LIFE 보험 계약 현황							
3									
4		계약일	회원번호	회원명	성별	나이	주보험료	특약보험료	총 보험료
5		2010-01-22	AB-05	박청주	남	33세	₩ 65,000	₩ 40,500	₩ 105,500
6		2012-04-28	AT-01	최경기	남	45세	₩ 105,000	₩ 55,300	₩ 160,300
7		2009-06-07	AP-92	남전주	여	28세	₩ 55,000	₩ 35,700	₩ 90,700
8		2015-08-16	AB-34	한정선	여	30세	₩ 50,000	₩ 40,000	₩ 90,000
9		2017-10-14	AT-88	이창원	남	25세	₩ 45,000	₩ 27,000	₩ 72,000
10		2016-12-11	AB-75	김진해	여	27세	₩ 60,000	₩ 35,000	₩ 95,000
11		2014-07-30	AP-16	서안동	남	38세	₩ 85,000	₩ 56,000	₩ 141,000
12		2018-05-15	AP-55	홍봉화	여	42세	₩ 90,000	₩ 47,500	₩ 137,500
13		2011-03-12	AT-70	장진도	남	35세	₩ 75,000	₩ 37,500	₩ 112,500
14		2013-02-19	AB-28	신문경	여	40세	₩ 100,000	₩ 65,000	₩ 165,000
15				평균 보험료					

② '급여대장.xlsx' 파일을 불러온 후 [F10] 셀에서 창 나누기를 지정해 보세요.

	A	B	C	D	E	F	G	H	I
1									
2					▷ 행복 금융 직원 현황 ◁				
3									
4									
5		사번	사원명	부서	직급	부양가족	주민등록번호	성별	입사일
6		7501	공효주	총무부	사원	2명	951106-2845695	여	2016-03-28
7		7502	하진영	전산부	부장	4명	640207-1486425	남	2009-04-01
8		7503	왕수빈	인사부	사원	1명	960605-1236589	남	2017-11-01
9		7504	정계인	홍보부	대리	3명	850708-1254789	남	2014-08-02
10		7505	남소이	총무부	사원	2명	960319-2623589	여	2016-12-20
11		7506	이유석	전산부	과장	4명	831021-1745698	남	2012-08-04
12		7507	채광수	인사부	부장	3명	690618-1523698	남	2010-04-14
13		7508	한동환	홍보부	사원	2명	940624-1326598	남	2017-01-04
14		7509	윤혜선	전산부	과장	3명	811203-2147896	여	2013-09-02
15		7510	김소연	인사부	사원	1명	950408-2478953	여	2018-11-08

③ '전표.xlsx' 파일을 불러온 후 인쇄 매수를 '3'으로 지정하고 인쇄(출력)해 보세요.

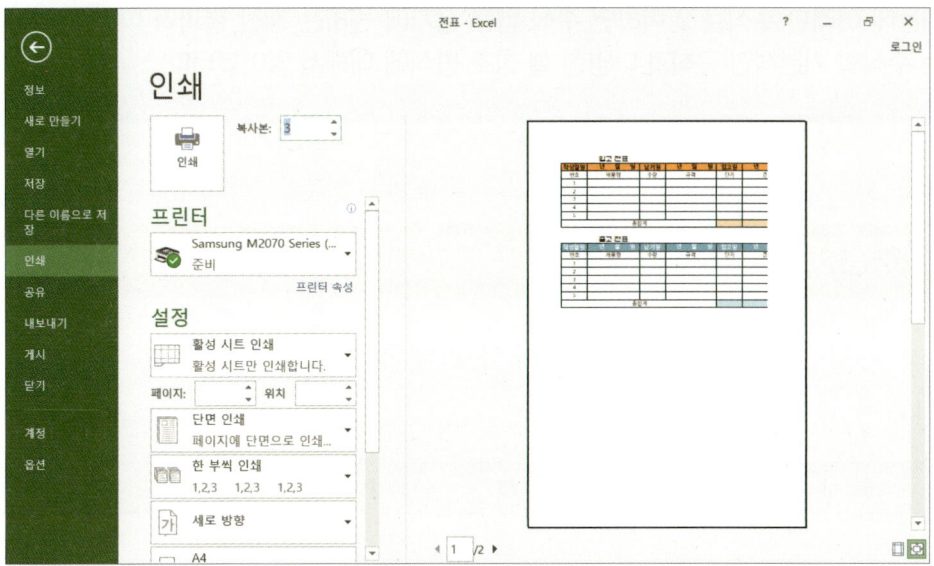

④ '간이영수증.xlsx' 파일을 불러온 후 데이터를 워크시트 중앙에 배치하고 바닥글에 날짜, 페이지 번호, 시간을 삽입하여 인쇄(출력)해 보세요.

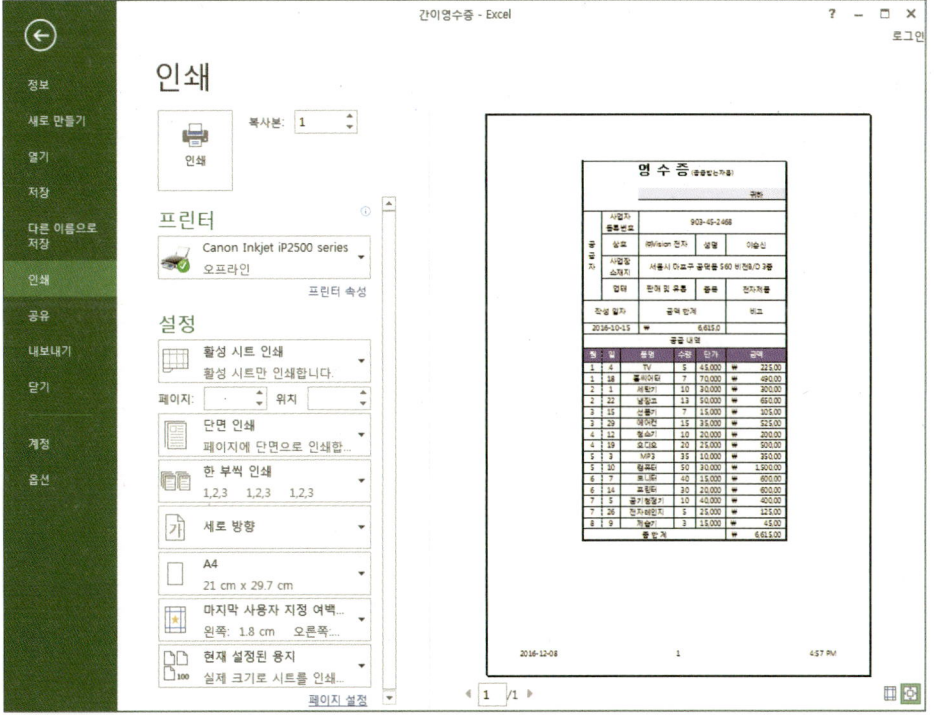

- [페이지 설정] 대화 상자의 [여백] 탭에서 페이지 가운데 맞춤을 '가로'로 선택합니다.
- [페이지 설정] 대화 상자의 [머리글/바닥글] 탭에서 [바닥글 편집] 단추를 클릭하고, 왼쪽 구역에는 '날짜', 가운데 구역에는 '페이지 번호', 오른쪽 구역에는 '시간'을 각각 삽입합니다.

SECTION 09 수식 입력하고 참조 방식 이해하기

EXCEL 2016

엑셀에서의 수식은 등호(=)로 시작하여 수식 기호, 함수, 셀 참조, 연산자, 상수, 괄호 등으로 구성되는데 이러한 수식을 입력하면 수식 입력 상자에 원하는 계산 결과가 나타납니다. 여기에서는 수식의 기본적인 규칙과 다양한 셀 참조 방식에 대해서 알아봅니다.

1 기본 수식 입력하기

1. '도서판매.xlsx' 파일을 불러온 후 [G6] 셀에서 판매금액을 구하기 위해 '=D6*F6'을 입력하고 Enter 키를 누릅니다.

	A	B	C	D	E	F	G
1							
2			■ 전반기 도서 판매 현황 ■				
3							
4					할인율	10%	
5		출판사	제목	정가	할인금액	판매량	판매금액
6		아티오	청춘스케치	15,000		170	=D6*F6
7		북숲	제주와 서울	17,000		185	
8		책나라	불량한 여행기	14,000		290	
9		위즈플래닛	고군분투	20,000		300	
10		북스토리	미진노트	18,000		410	
11		퍼냄	소소한 카페	13,000		250	
12		사람세상	휴지통	12,000		370	
13		나눔	의대생 일기	11,000		500	

> **tip 연산자**
> - 산술 연산자 : 기본적인 수학 연산으로 +, -, *, /, %, ^ 등이 있습니다.
> - 비교 연산자 : 셀 값을 비교하는 연산으로 >, <, =, >=, <=, <> 등이 있습니다.
> - 참조 연산자 : 셀 값의 위치를 참조하는 연산으로 :(콜론), ,(콤마), 공백 등이 있습니다.

2. 판매금액이 구해지면 동일한 수식을 복사하기 위해 [G6] 셀에서 채우기 핸들을 이용하여 [G13] 셀까지 드래그 합니다.

	A	B	C	D	E	F	G
1							
2			■ 전반기 도서 판매 현황 ■				
3							
4					할인율	10%	
5		출판사	제목	정가	할인금액	판매량	판매금액
6		아티오	청춘스케치	15,000		170	2,550,000
7		북숲	제주와 서울	17,000		185	
8		책나라	불량한 여행기	14,000		290	
9		위즈플래닛	고군분투	20,000		300	
10		북스토리	미진노트	18,000		410	
11		펴냄	소소한 카페	13,000		250	
12		사람세상	휴지통	12,000		370	
13		나눔	의대생 일기	11,000		500	
14							

드래그

3. 그 결과 도서별 판매금액을 모두 구할 수 있습니다.

	A	B	C	D	E	F	G
1							
2			■ 전반기 도서 판매 현황 ■				
3							
4					할인율	10%	
5		출판사	제목	정가	할인금액	판매량	판매금액
6		아티오	청춘스케치	15,000		170	2,550,000
7		북숲	제주와 서울	17,000		185	3,145,000
8		책나라	불량한 여행기	14,000		290	4,060,000
9		위즈플래닛	고군분투	20,000		300	6,000,000
10		북스토리	미진노트	18,000		410	7,380,000
11		펴냄	소소한 카페	13,000		250	3,250,000
12		사람세상	휴지통	12,000		370	4,440,000
13		나눔	의대생 일기	11,000		500	5,500,000

tip 상대 참조
- 기본적인 참조 방식으로 '$' 표시 없이 행 머리글과 열 머리글로만 셀 주소가 구성됩니다(예 : A1).
- 상대 참조 주소를 복사하면 현재 셀 위치에 맞게 참조되는 셀 주소가 자동으로 변경됩니다.

4. 입력한 수식을 확인하기 위해 Ctrl + ~ 키를 누르면 판매금액의 수식에 상대 참조가 적용되어 행 번호가 1씩 증가되면서 차례로 참조된 것을 확인할 수 있습니다(다시 Ctrl + ~ 키를 누르면 원래의 수식 결과값으로 돌아갑니다).

	A	B	C	D	E	F	G
1							
2			■ 전반기 도서 판매 현황 ■				
3							
4					할인율	0.1	
5		출판사	제목	정가	할인금액	판매량	판매금액
6		아티오	청춘스케치	15000		170	=D6*F6
7		북숲	제주와 서울	17000		185	=D7*F7
8		책나라	불량한 여행기	14000		290	=D8*F8
9		위즈플래닛	고군분투	20000		300	=D9*F9
10		북스토리	미진노트	18000		410	=D10*F10
11		펴냄	소소한 카페	13000		250	=D11*F11
12		사람세상	휴지통	12000		370	=D12*F12
13		나눔	의대생 일기	11000		500	=D13*F13

2 상대 참조와 절대 참조의 차이점 이해하기

1. 할인금액을 계산하기 위해 [E6] 셀에 '=D6*(1-F4)'를 입력하고 Enter 키를 누릅니다.

	A	B	C	D	E	F	G
1							
2			■ 전반기 도서 판매 현황 ■				
3							
4					할인율	10%	
5		출판사	제목	정가	할인금액	판매량	판매금액
6		아티오	청춘스케치	15,000	=D6*(1-F4)		2,550,000
7		북숲	제주와 서울	17,000		185	3,145,000
8		책나라	불량한 여행기	14,000		290	4,060,000
9		위즈플래닛	고군분투	20,000		300	6,000,000
10		북스토리	미진노트	18,000		410	7,380,000
11		펴냄	소소한 카페	13,000		250	3,250,000
12		사람세상	휴지통	12,000		370	4,440,000
13		나눔	의대생 일기	11,000		500	5,500,000

tip 절대 참조
- 행 머리글과 열 머리글 앞에 '$' 표시가 적용됩니다(예 : A2).
- 절대 참조 주소를 복사하면 참조되는 셀 주소는 항상 고정됩니다.

2. 할인금액이 구해지면 동일한 수식을 복사하기 위해 [E6] 셀에서 채우기 핸들을 이용하여 [E13] 셀까지 드래그 합니다. `Ctrl`+`~` 키를 눌러 수식을 확인해 보면 'F4' 셀의 참조 위치가 변하지 않는 것을 확인할 수 있습니다.

	A	B	C	D	E	F	G
1							
2			■ 전반기 도서 판매 현황 ■				
3							
4					할인율	10%	
5		출판사	제목	정가	할인금액	판매량	판매금액
6		아티오	청춘스케치	15,000	13,500	170	2,550,000
7		북숲	제주와 서울	17,000	15,300	185	3,145,000
8		책나라	불량한 여행기	14,000	12,600	290	4,060,000
9		위즈플래닛	고군분투	20,000	18,000	300	6,000,000
10		북스토리	미진노트	18,000	16,200	410	7,380,000
11		펴냄	소소한 카페	13,000	11,700	250	3,250,000
12		사람세상	휴지통	12,000	10,800	370	4,440,000
13		나눔	의대생 일기	11,000	9,900	500	5,500,000

> **tip 참조 주소 전환** : 참조 주소의 셀을 클릭한 후 `F4` 키를 누르면 참조 주소 형식이 '절대 참조(A1) → 행 고정 혼합 참조(A$1) → 열 고정 혼합 참조($A1) → 상대 참조(A1)'의 순으로 자동 변경됩니다.

3. [F4] 셀에서 할인율을 '15%'로 변경하면 할인금액의 결과값이 절대 참조에 의해 한꺼번에 변경되는 것을 확인할 수 있습니다.

	A	B	C	D	E	F	G
1							
2			■ 전반기 도서 판매 현황 ■				
3							
4					할인율	15%	
5		출판사	제목	정가	할인금액	판매량	판매금액
6		아티오	청춘스케치	15,000	12,750	170	2,550,000
7		북숲	제주와 서울	17,000	14,450	185	3,145,000
8		책나라	불량한 여행기	14,000	11,900	290	4,060,000
9		위즈플래닛	고군분투	20,000	17,000	300	6,000,000
10		북스토리	미진노트	18,000	15,300	410	7,380,000
11		펴냄	소소한 카페	13,000	11,050	250	3,250,000
12		사람세상	휴지통	12,000	10,200	370	4,440,000
13		나눔	의대생 일기	11,000	9,350	500	5,500,000

> **tip 혼합 참조**
> - 상대 참조와 절대 참조가 혼합된 것으로 행이나 열 머리글 중 한쪽에만 '$' 표시가 붙습니다(예 : $A2, A$2).
> - 혼합 참조 주소를 복사하면 현재 셀 위치에 맞게 상대 참조 주소만 변경됩니다.

혼자 풀어보기

1 워크시트에 주어진 내용을 입력한 후 분기별 총합계를 구하고 '영업실적.xlsx' 파일로 저장해 보세요.

	A	B	C	D	E	F	G	H
1								
2				※ 부서별 영업 실적 현황 ※				
3								
4		부서코드	부서명	1사분기	2사분기	3사분기	4사분기	총합계
5		OK-001	관리팀	1,230	7,410	2,480	2,000	13,120
6		OK-002	홍보팀	710	8,520	3,590	5,500	18,320
7		OK-003	기획팀	8,220	990	1,570	770	11,550
8		OK-004	재무팀	930	9,630	1,680	3,350	15,590
9		OK-005	전략팀	1,590	4,560	7,910	4,460	18,520
10		OK-006	총무팀	2,580	1,290	3,190	3,390	10,450
11		OK-007	판매팀	3,570	3,210	8,260	3,000	18,040
12		OK-008	지원팀	4,100	900	850	4,540	10,390
13		OK-009	영업팀	880	6,540	1,100	5,000	13,520

 총합계는 1사분기+2사분기+3사분기+4사분기로 계산합니다.

2 워크시트에 주어진 내용을 입력한 후 목표실적/판매실적의 합계와 평균을 구하고 '사원실적.xlsx' 파일로 저장해 보세요.

	A	B	C	D	E	F	G	H
1								
2				◆ 사원별 실적 연황 ◆				
3								
4		사원명	성별	소속부서	목표실적	판매실적	합계	평균
5		한동춘	남	영업1부	170	150	320	160
6		김필원	여	영업2부	280	240	520	260
7		강석우	남	영업3부	390	360	750	375
8		배미향	여	영업1부	410	470	880	440
9		박성화	남	영업2부	520	580	1,100	550
10		홍미려	여	영업3부	630	690	1,320	660
11		조필연	남	영업3부	100	330	430	215
12		남진웅	남	영업2부	90	400	490	245
13		감시내	여	영업1부	220	85	305	153

 평균은 합계/2로 계산합니다.

워크시트에 주어진 내용을 입력한 후 월납입액과 기간에 대해 총납입원금을 구하고 '적금상품.xlsx' 파일로 저장해 보세요.

	A	B	C	D	E	F	G
1							
2			♠ 금융사별 적금 상품 현황 ♠				
3							
4		금융사	상품코드	상품명	월납입액	기간(개월)	총납입원금
5		MT솔로몬	ZX-003	행복적금	15,000	12	180,000
6		미래스위스	CV-987	사랑적금	20,000	24	480,000
7		한국캐피탈	BN-246	가족적금	30,000	36	1,080,000
8		나라에셋	QA-975	안전적금	9,500	48	456,000
9		부자금융	WS-123	웃음적금	25,000	24	600,000
10		BG머니	ED-554	미래적금	35,000	36	1,260,000
11		서울투자	RF-468	최고적금	40,000	24	960,000
12		AK신용	TG-296	희망적금	10,000	48	480,000
13		나이스금융	YH-366	기쁨적금	45,000	36	1,620,000

HINT 총납입원금은 월납입액×기간(개월)로 계산합니다.

 워크시트에 주어진 구분을 입력한 후 각각의 구구단을 구하고 '구구단.xlsx' 파일로 저장해 보세요.

	A	B	C	D	E	F	G	H	I	J	K
1											
2						⊙ 구구단 작성표 ⊙					
3											
4		구분	1단	2단	3단	4단	5단	6단	7단	8단	9단
5		1	1	2	3	4	5	6	7	8	9
6		2	2	4	6	8	10	12	14	16	18
7		3	3	6	9	12	15	18	21	24	27
8		4	4	8	12	16	20	24	28	32	36
9		5	5	10	15	20	25	30	35	40	45
10		6	6	12	18	24	30	36	42	48	54
11		7	7	14	21	28	35	42	49	56	63
12		8	8	16	24	32	40	48	56	64	72
13		9	9	18	27	36	45	54	63	72	81

HINT [C5] 셀에 혼합 참조를 이용하여 =$B5*C$4를 입력한 후 채우기 핸들을 각각 드래그 합니다.

SECTION 10 기본 함수 이용하기

함수란 현재 셀에 적용되는 수식을 종류에 따라 미리 정의된 공식으로 값을 편리하게 계산하는 기능입니다. 엑셀에서는 다양한 함수를 제공하는데 여기에서는 기본적인 함수 사용 방법과 함수 마법사를 이용하는 방법에 대해 알아봅니다.

1 함수로 합계와 평균 구하기

1. '수업평가.xlsx' 파일을 불러온 후 합계를 구하기 위하여 [G5] 셀에 '=SUM(D5:F5)'를 입력하고 Enter 키를 누릅니다.

	A	B	C	D	E	F	G	H	I
1									
2				◇ A학급 수업 평가 현황 ◇					
3									
4		학생명	성별	적극성	집중성	성실성	합계	평균	순위
5		이민오	남	74	90	75	=SUM(D5:F5)		
6		송혜규	여	85	100	84			
7		김남건	남	96	75	86			
8		손예정	여	50	97	95			
9		유해준	남	58	64	73			
10		전혜수	여	69	46	91			
11		신원해	남	70	79	82			
12		성유정	여	82	77	100			

> **tip** **SUM 함수 :** = SUM(인수1, 인수2, …) : 범위를 지정한 목록에서 인수의 합을 구하는 함수로 =SUM(D5:F5)는 [D5:F5] 영역의 합을 구하라는 의미입니다.

2. 이번에는 평균을 구하기 위하여 [H5] 셀에 '=AVERAGE(D5:F5)'를 입력하고 Enter 키를 누릅니다.

	A	B	C	D	E	F	G	H	I
1									
2				◇ A학급 수업 평가 현황 ◇					
3									
4		학생명	성별	적극성	집중성	성실성	합계	평균	순위
5		이민오	남	74	90	75	239	=AVERAGE(D5:F5)	
6		송혜규	여	85	100	84			
7		김남건	남	96	75	86			
8		손예정	여	50	97	95			
9		유해준	남	58	64	73			
10		전혜수	여	69	46	91			
11		신원해	남	70	79	82			
12		성유정	여	82	77	100			

AVERAGE 함수 : = AVERAGE(인수1, 인수2, …, 인수30) : 범위 지정한 인수의 평균을 구하는 함수로 =AVERAGE(D5:F5)는 [D5:F5] 영역의 평균을 구하라는 의미입니다.

3. 합계와 평균이 구해지면 [G5:H5] 영역을 블록 지정하고 채우기 핸들을 이용하여 [H12] 셀까지 드래그 합니다.

	A	B	C	D	E	F	G	H	I
1									
2				◇A학급 수업 평가 현황◇					
3									
4		학생명	성별	적극성	집중성	성실성	합계	평균	순위
5		이민오	남	74	90	75	239	79.66667	드래그
6		송혜규	여	85	100	84			
7		김남건	남	96	75	86			
8		손예정	여	50	97	95			
9		유해준	남	58	64	73			
10		전혜수	여	69	46	91			
11		신원해	남	70	79	82			
12		성유정	여	82	77	100			
13									

4. 평균의 소수점 자릿수를 맞추기 위해 [H5:H12] 영역을 블록 지정한 후 [홈] 탭의 [표시 형식] 그룹에서 자릿수 줄임( ) 단추를 여러 번 클릭하여 첫째 자리로 맞춥니다.

	A	B	C	D	E	F	G	H	I
1									
2				◇A학급 수업 평가 현황◇					
3									
4		학생명	성별	적극성	집중성	성실성	합계	평균	순위
5		이민오	남	74	90	75	239	79.7	
6		송혜규	여	85	100	84	269	89.7	
7		김남건	남	96	75	86	257	85.7	
8		손예정	여	50	97	95	242	80.7	
9		유해준	남	58	64	73	195	65.0	
10		전혜수	여	69	46	91	206	68.7	
11		신원해	남	70	79	82	231	77.0	
12		성유정	여	82	77	100	259	86.3	

자동 합계
[홈] 탭의 [편집] 그룹 또는 [수식] 탭의 [함수 라이브러리] 그룹에서 자동 합계(Σ 자동 합계 ▼) 단추를 클릭하면 합계, 평균, 숫자 개수, 최댓값, 최솟값 등을 편리하게 계산할 수 있습니다.

2 함수 마법사로 순위 구하기

1. [I5] 셀을 선택한 후 [수식] 탭의 [함수 라이브러리] 그룹에서 함수 삽입( ) 단추를 클릭합니다.

2. [함수 마법사] 대화 상자에서 범주 선택은 '통계'를, 함수 선택은 'RANK.EQ'를 각각 선택하고 [확인] 단추를 클릭합니다.

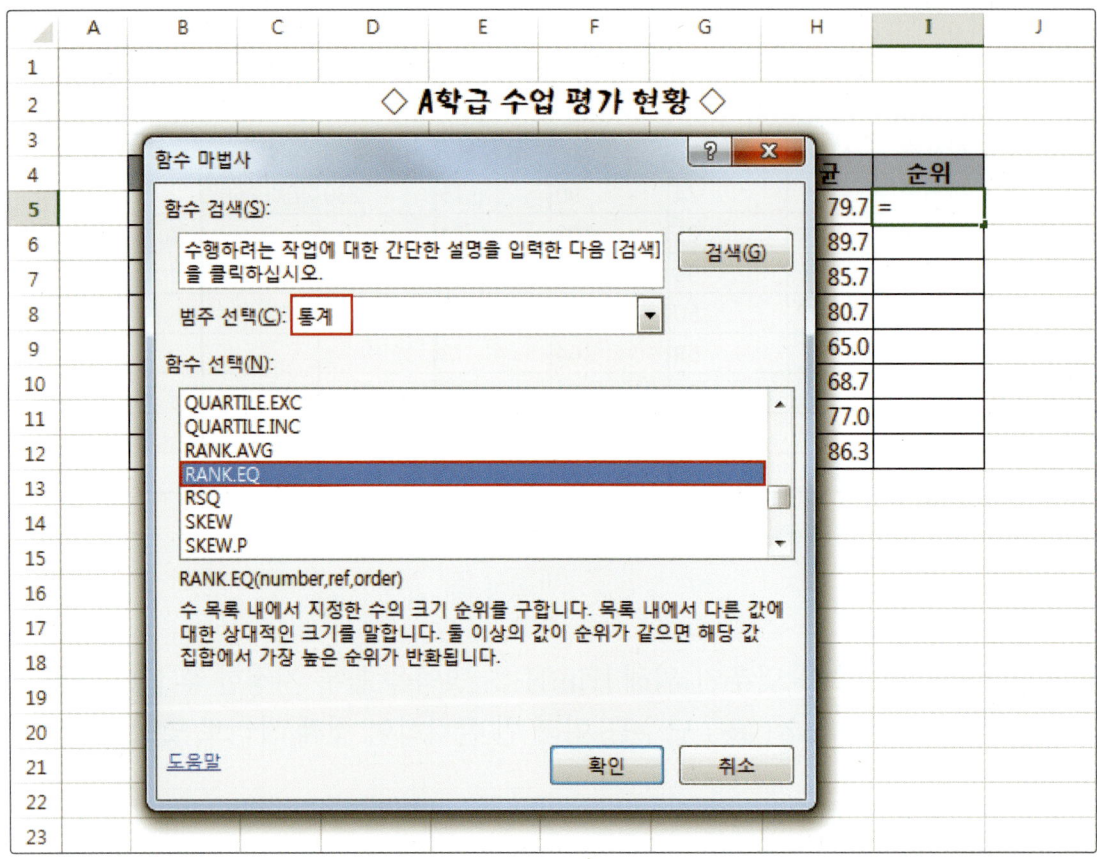

tip RANK 함수

- 데이터의 순위를 구할 때 Excel 2007 버전까지는 RANK 함수를 사용했지만 Excel 2010(Excel 2013) 버전부터는 RANK.AVG 함수와 RANK.EQ 함수를 구분해서 사용합니다.
- RANK.EQ(순위를 구하려는 수, 대상 범위, 순위 결정) : 범위 지정 목록에서 인수의 순위를 구하며, 순위를 구할 때는 해당 범위를 절대 참조로 지정해야 합니다(0을 입력하거나 생략하면 내림차순이고, 그 외에는 오름차순으로 구함).
- RANK.AVG(순위를 구하려는 수, 대상 범위, 순위 결정) : RANK.EQ 함수와 사용 방법은 동일하지만 둘 이상의 값에서 순위가 같을 때 가장 높은 순위가 아닌 평균(중간) 순위를 반환합니다.

3. [함수 인수] 대화 상자에서 'Number'에는 순위를 구하려는 [H5] 셀을, 'Ref'에는 순위 목록인 [H5:H12] 영역을 각각 지정하고 [확인] 단추를 클릭합니다. 이때 순위 목록은 입력 후 F4 키를 눌러 반드시 절대 참조로 변경시켜 지정합니다.

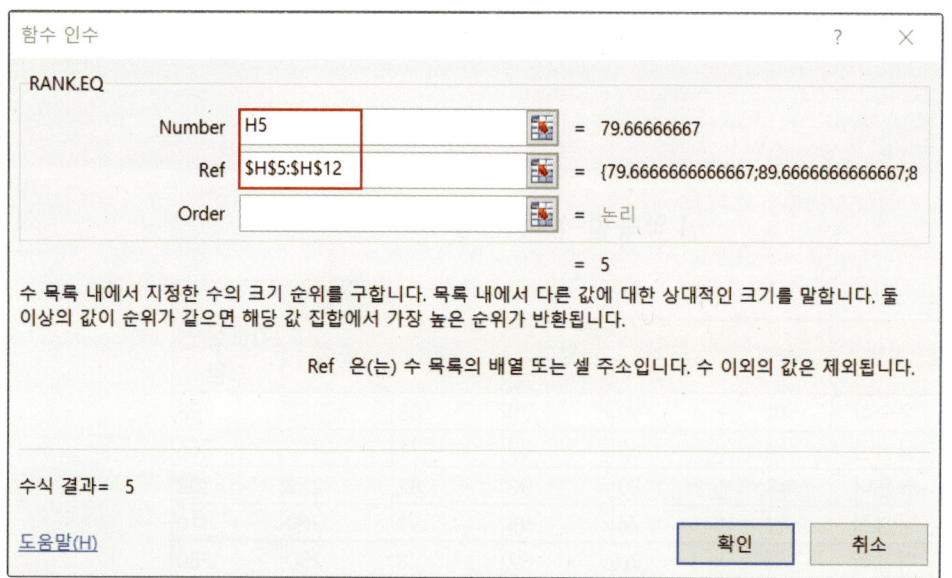

> **tip** **Numberr와 Ref 설정 방법**
> - Number에서 'H5'를 직접 입력하거나 [H5] 셀을 마우스로 클릭합니다.
> - Ref에서 'H5:H12'를 직접 입력하거나 [H5:H12] 영역을 마우스로 드래그 합니다.

4. 순위가 구해지면 [I5] 셀에서 채우기 핸들을 이용하여 [I12] 셀까지 드래그하여 완성합니다.

	A	B	C	D	E	F	G	H	I
1									
2				◇ A학급 수업 평가 현황 ◇					
3									
4		학생명	성별	적극성	집중성	성실성	합계	평균	순위
5		이민오	남	74	90	75	239	79.7	5
6		송혜규	여	85	100	84	269	89.7	1
7		김남건	남	96	75	86	257	85.7	3
8		손예정	여	50	97	95	242	80.7	4
9		유해준	남	58	64	73	195	65.0	8
10		전혜수	여	69	46	91	206	68.7	7
11		신원해	남	70	79	82	231	77.0	6
12		성유정	여	82	77	100	259	86.3	2

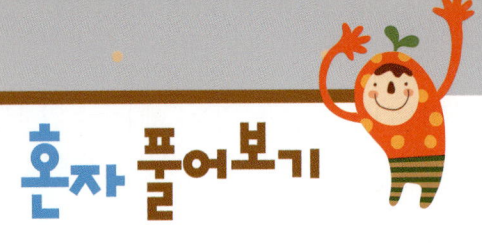

① '과목별성적.xlsx' 파일을 불러온 후 총점과 기본점수 포함 점수를 구하여 보세요.

	A	B	C	D	E	F	G	H
1								
2		[과목별 성적 현황]						
3								
4							기본점수	50
5		성명	성별	국어	영어	수학	총점	기본점수 포함
6		장수라	여	90	70	88	248	298
7		설남정	남	65	80	71	216	266
8		유은이	여	80	90	82	252	302
9		남승철	남	74	93	93	260	310
10		박선희	여	70	82	78	230	280
11		조문세	남	85	71	98	254	304
12		홍미리	여	91	55	75	221	271
13		김용필	남	69	66	96	231	281

HINT 총점은 SUM 함수를 이용하고, 기본점수 포함에는 SUM 함수와 함께 기본점수를 더하되 절대 참조 방식을 이용합니다.

② '판매보고.xlsx' 파일을 불러온 후 합계와 평균(소수 둘째자리까지)을 구하여 보세요.

	A	B	C	D	E	F	G	H
1								
2		¶ 년도별 판매 보고 현황 ¶						
3								
4		사원명	부서명	2018년	2019년	2020년	합계	평균
5		이대로	홍부부	150	710	890	1,750	583.33
6		사랑해	영업부	200	820	560	1,580	526.67
7		오미자	관리부	410	930	230	1,570	523.33
8		소백산	생산부	520	470	970	1,960	653.33
9		정말로	홍부부	630	580	640	1,850	616.67
10		봉투함	영업부	140	690	310	1,140	380.00
11		신기해	관리부	250	120	550	920	306.67
12		고지식	생산부	360	450	730	1,540	513.33
13		지하도	기획부	330	780	910	2,020	673.33

HINT 합계는 SUM 함수를 이용하고, 평균은 AVERAGE 함수를 이용하되 평균의 소수점 자릿수는 [자릿수 줄임] 단추를 이용합니다.

 '공채시험.xlsx' 파일을 불러온 후 총점, 평균(소수 첫째자리까지), 순위를 구하여 보세요.

	A	B	C	D	E	F	G	H	I
1									
2				※ 공채 시험 합격 현황 ※					
3									
4		성명	나이	필기시험	외국어	면접	총점	평균	순위
5		김장철	25세	90	70	6	166	55.3	6위
6		이민가	29세	85	80	5	170	56.7	4위
7		오대산	32세	70	90	8	168	56.0	5위
8		지구상	24세	100	60	4	164	54.7	7위
9		한반도	28세	80	50	7	137	45.7	9위
10		왕자병	30세	65	75	9	149	49.7	8위
11		감시망	33세	95	95	6	196	65.3	2위
12		조용히	22세	75	90	10	175	58.3	3위
13		홍도야	27세	90	100	10	200	66.7	1위
14									

 총점은 SUM 함수를, 평균은 AVERAGE 함수를, 순위는 RANK.EQ 함수를 이용하되 순위에서는 & 연산자와 함께 "위"를 입력합니다.

 '프론티어.xlsx' 파일을 불러온 후 계약순위와 상담/계약/해지 중 최댓값 및 최솟값을 각각 구하여 보세요.

	A	B	C	D	E	F	G	H
1								
2				【 후반기 프론티어 상품 현황 】				
3								
4		사원명	입사년도	부서	신규상담	신규계약	중도해지	계약순위
5		공민정	2010년	영업부	550건	450건	90건	3
6		염승원	2014년	마케팅부	300건	250건	50건	6
7		나혜선	2009년	법인부	650건	550건	95건	2
8		김동석	2016년	영업부	250건	200건	15건	7
9		홍성기	2011년	마케팅부	700건	600건	45건	1
10		송민아	2016년	법인부	400건	300건	80건	5
11		채경구	2016년	영업부	280건	150건	20건	8
12		서윤아	2018년	마케팅부	350건	310건	65건	4
13		상담/계약/해지 중 최댓값			700건	600건	95건	✕
14		상담/계약/해지 중 최솟값			250건	150건	15건	

- MAX(인수1, 인수2, …) : 범위 지정 목록에서 논리값과 텍스트를 제외한 최댓값을 구합니다.
- MIN(인수1, 인수2, …) : 범위 지정 목록에서 논리값과 텍스트를 제외한 최솟값을 구합니다.

SECTION 11 직접 입력하여 함수 이용하기

엑셀에서 제공하는 함수는 매우 많지만 그 중에서도 사용 빈도가 높은 함수들은 반드시 알고 있는 것이 좋습니다. 여기에서는 함수 마법사를 이용하지 않고 셀에서 해당 함수를 직접 입력하는 방식을 이용하여 처리하는 형식에 대해 학습하도록 합니다.

1 논리/문자 함수 이용하기

1. '개인정보.xlsx' 파일을 불러온 후 성별을 구하기 위해 [F5] 셀에 '=IF(MID(E5, 8, 1)="1", "남자", "여자")'를 입력하여 처리한 후 채우기 핸들을 이용하여 [F13] 셀까지 드래그 합니다.

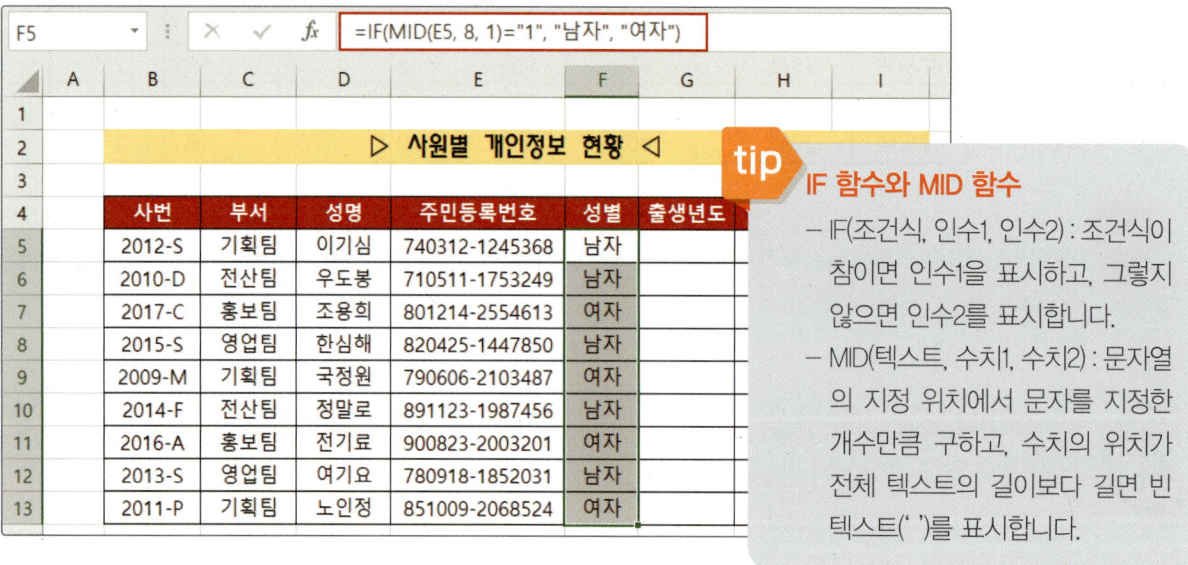

tip IF 함수와 MID 함수
- IF(조건식, 인수1, 인수2) : 조건식이 참이면 인수1을 표시하고, 그렇지 않으면 인수2를 표시합니다.
- MID(텍스트, 수치1, 수치2) : 문자열의 지정 위치에서 문자를 지정한 개수만큼 구하고, 수치의 위치가 전체 텍스트의 길이보다 길면 빈 텍스트(' ')를 표시합니다.

2. 출생년도를 표시하기 위해 [G5] 셀에 '=LEFT(E5, 2)&"년생"'을 입력하여 처리한 후 채우기 핸들을 이용하여 [G13] 셀까지 드래그 합니다.

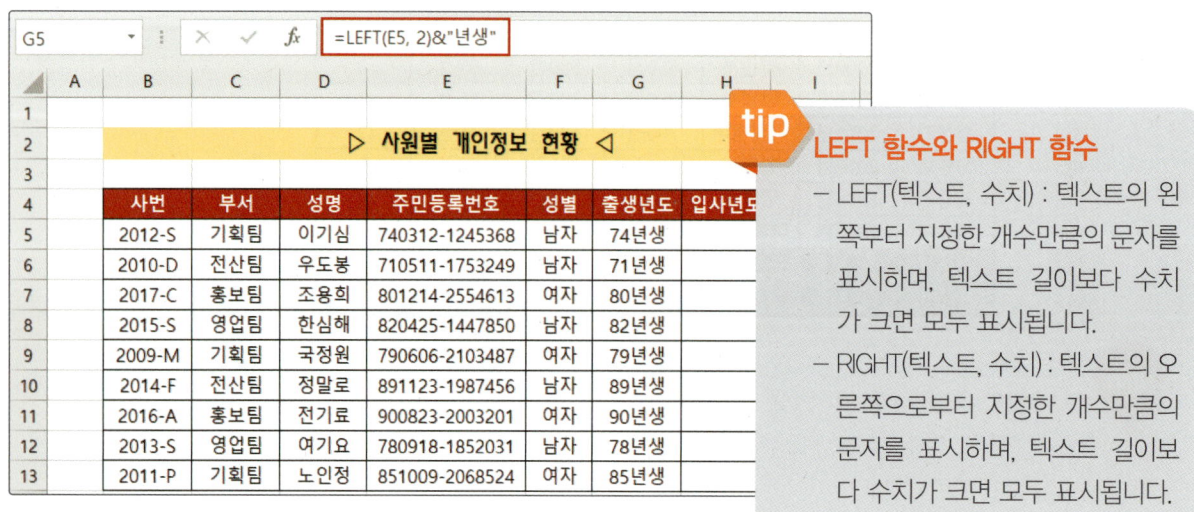

tip LEFT 함수와 RIGHT 함수
- LEFT(텍스트, 수치) : 텍스트의 왼쪽부터 지정한 개수만큼의 문자를 표시하며, 텍스트 길이보다 수치가 크면 모두 표시됩니다.
- RIGHT(텍스트, 수치) : 텍스트의 오른쪽으로부터 지정한 개수만큼의 문자를 표시하며, 텍스트 길이보다 수치가 크면 모두 표시됩니다.

3. 입사년도를 구하기 위해 [H5] 셀에 '=MID(B5, 3, 2)&"년도"'를 입력하여 처리한 후 채우기 핸들을 이용하여 [H13] 셀까지 드래그 합니다.

	A	B	C	D	E	F	G	H	I
					H5 fx =MID(B5, 3, 2)&"년도"				
1									
2				▷ 사원별 개인정보 현황 ◁					
3									
4		사번	부서	성명	주민등록번호	성별	출생년도	입사년도	입사형태
5		2012-S	기획팀	이기심	740312-1245368	남자	74년생	12년도	
6		2010-D	전산팀	우도봉	710511-1753249	남자	71년생	10년도	
7		2017-C	홍보팀	조용희	801214-2554613	여자	80년생	17년도	
8		2015-S	영업팀	한심해	820425-1447850	남자	82년생	15년도	
9		2009-M	기획팀	국정원	790606-2103487	여자	79년생	09년도	
10		2014-F	전산팀	정말로	891123-1987456	남자	89년생	14년도	
11		2016-A	홍보팀	전기료	900823-2003201	여자	90년생	16년도	
12		2013-S	영업팀	여기요	780918-1852031	남자	78년생	13년도	
13		2011-P	기획팀	노인정	851009-2068524	여자	85년생	11년도	

> **tip 입사년도**
> 입사년도는 사번에서 '-' 앞의 숫자 두 개를 추출하는 것으로 '2012-S'의 경우 세 번째에 위치한 숫자 두 개를 추출하면 12가 됩니다. 여기에 & 연산자를 이용하여 년도를 표시하면 '12년도'가 됩니다.

4. 입사형태를 구하기 위해 [I5] 셀에 '=IF(RIGHT(B5, 1)="S", "특채", "일반")'을 입력하여 처리한 후 채우기 핸들을 이용하여 [I13] 셀까지 드래그 합니다. 모든 작업이 완료되면 '개인정보(완성).xlsx' 파일로 저장합니다.

	A	B	C	D	E	F	G	H	I
					I5 fx =IF(RIGHT(B5, 1)="S", "특채", "일반")				
1									
2				▷ 사원별 개인정보 현황 ◁					
3									
4		사번	부서	성명	주민등록번호	성별	출생년도	입사년도	입사형태
5		2012-S	기획팀	이기심	740312-1245368	남자	74년생	12년도	특채
6		2010-D	전산팀	우도봉	710511-1753249	남자	71년생	10년도	일반
7		2017-C	홍보팀	조용희	801214-2554613	여자	80년생	17년도	일반
8		2015-S	영업팀	한심해	820425-1447850	남자	82년생	15년도	특채
9		2009-M	기획팀	국정원	790606-2103487	여자	79년생	09년도	일반
10		2014-F	전산팀	정말로	891123-1987456	남자	89년생	14년도	일반
11		2016-A	홍보팀	전기료	900823-2003201	여자	90년생	16년도	일반
12		2013-S	영업팀	여기요	780918-1852031	남자	78년생	13년도	특채
13		2011-P	기획팀	노인정	851009-2068524	여자	85년생	11년도	일반

> **tip 입사형태** : 입사형태는 사번에서 마지막 영문자가 'S'이면 '특채'이고, 그렇지 않으면 '일반'으로 표시합니다.

2 날짜/시간 함수 이용하기

1. 워크시트에 주어진 내용을 입력한 후 나이를 구하기 위해 [E6] 셀에 '=YEAR(H4)-YEAR(D6)&"세"'를 입력하여 처리한 후 채우기 핸들을 이용하여 [E12] 셀까지 드래그 합니다.

						현재일	2019-12-12
	회원명	성별	생년월일	나이	일요일 출생	접수일	만기일
	현지인	여	1974-10-26	45세		2015-02-05	2025-02-05
	남몰래	남	1987-07-04	32세		2014-07-01	2024-07-01
	유식해	남	1975-12-30	44세		2015-11-12	2035-11-12
	장사날	여	1984-05-06	35세		2014-06-28	2034-06-28
	마지막	남	1991-10-13	28세		2015-04-15	2035-04-15
	노란색	여	1982-04-16	37세		2014-09-07	2045-09-07
	오만해	남	1979-08-29	40세		2015-10-14	2025-10-14
	남몰래의 접수 달(月)						
	노란색의 계약 기간						

> **tip** **YEAR 함수**
> YEAR(날짜) : 날짜 일련번호로부터 년 단위(1900년부터 9999까지)를 구합니다.

2. 일요일 출생을 구하기 위해 [F6] 셀에 '=IF(WEEKDAY(D6)=1, "해당", "-")'을 입력하여 처리한 후 채우기 핸들을 이용하여 [F12] 셀까지 드래그 합니다.

						현재일	2019-12-12
	회원명	성별	생년월일	나이	일요일 출생	접수일	만기일
	현지인	여	1974-10-26	45세	-	2015-02-05	2025-02-05
	남몰래	남	1987-07-04	32세	-	2014-07-01	2024-07-01
	유식해	남	1975-12-30	44세	-	2015-11-12	2035-11-12
	장사날	여	1984-05-06	35세	해당	2014-06-28	2034-06-28
	마지막	남	1991-10-13	28세	해당	2015-04-15	2035-04-15
	노란색	여	1982-04-16	37세	-	2014-09-07	2045-09-07
	오만해	남	1979-08-29	40세	-	2015-10-14	2025-10-14
	남몰래의 접수 달(月)						
	노란색의 계약 기간						

> **tip** **WEEKDAY 함수**
> WEEKDAY(날짜, 반환값) : 날짜 일련번호로부터 요일 번호(1부터 7까지)를 구합니다. 이때, 반환값이 1이거나 생략할 경우 1(일요일)에서 7(토요일)까지의 정수로, 반환값이 2일 경우 1(월요일)에서 7(일요일)까지의 정수로, 반환값이 3일 경우 0(월요일)에서 6(일요일)까지의 정수로 나타냅니다.

3. '남몰래'의 접수 달(月)을 구하기 위해 [G13] 셀에 '=MONTH(G7)&"월"'을 입력하고 Enter 키를 누릅니다.

> **tip** **MONTH 함수와 DAY 함수**
> – MONTH(날짜) : 날짜 일련번호로부터 월 단위(1월부터 12월까지)를 구합니다.
> – DAY(날짜) : 날짜 일련번호로부터 일 단위(1일부터 31일까지)를 구합니다.

4. '노란색'의 계약 기간을 구하기 위해 [G14] 셀에 '=DAYS360(G11, H11)&"일"'을 입력하고 Enter 키를 누릅니다. 모든 작업이 완료되면 '생명회원(완성).xlsx' 파일로 저장합니다.

> **tip** **DAYS360 함수**
> DAYS360(날짜1, 날짜2) : 1년을 360일(30일 기준의 12개월)로 두 날짜 사이의 날짜 수를 구하며, 회계 체계가 12달 30일을 기준으로 할 때 임금을 계산할 수 있습니다.

혼자 풀어보기

① '졸업생.xlsx' 파일을 불러온 후 합계와 학점을 구하여 보세요.

- 학점 : 합계가 250 이상이면 "A", 240 이상이면 "B" 그 외의 경우는 "F"로 표시

	A	B	C	D	E	F	G	H
1								
2				♥ 졸업생 전공 성적 현황 ♥				
3								
4		졸업번호	성명	전공	출석	소양	합계	학점
5		7001	한소리	74	93	91	258	A
6		7002	공유철	85	82	73	240	B
7		7003	장만식	96	71	82	249	B
8		7004	문보영	70	88	68	226	F
9		7005	김정석	80	100	99	279	A
10		7006	최요원	90	77	90	257	A
11		7007	남준기	98	94	80	272	A
12		7008	변세빈	78	76	70	224	F
13		7009	강선균	65	82	85	232	F

HINT 중첩 IF 함수 : 두 개 이상의 조건을 검색할 때 IF 함수를 겹쳐서 여러 번 사용하는 함수로 최대 64개까지 중첩시킬 수 있습니다.

② '연수자.xlsx' 파일을 불러온 후 결과를 구하여 보세요.

- 결과 : 전공과 교양 점수 중 하나라도 85점 이상이면 '이수'를, 그렇지 않으면 '공란'으로 표시

	A	B	C	D	E	F	G	H
1								
2				● 전반기 연수자 관리 현황 ●				
3								
4		연수번호	연수자	부서	성별	전공	교양	결과
5		PH-001	오나라	경리부	여	75	74	
6		PH-002	신경질		남	60	85	이수
7		PH-003	조울증	총무부	남	85	96	이수
8		PH-004	조미김		여	90	47	이수
9		PH-005	전화기	기획부	여	70	58	
10		PH-006	강원도		남	95	69	이수
11		PH-007	김말이	영업부	여	100	88	이수
12		PH-008	이수자		여	65	99	이수
13		PH-009	공부해	홍보부	남	80	77	

HINT AND/OR 함수

- AND(인수1, 인수2) : 인수가 모두 참일 경우에만 'TRUE'를 표시하고, 그렇지 않으면 'FALSE'를 표시합니다. 이때 참조 영역 인수에 텍스트나 빈 셀이 있으면 그 값은 무시됩니다.
- OR(인수1, 인수2) : 인수가 하나라도 참이면 'TRUE'를 표시하고, 그렇지 않으면 'FALSE'를 표시합니다. 이때 참조 영역 인수에 텍스트나 빈 셀이 있으면 그 값은 무시됩니다.

 '전산1팀.xlsx' 파일을 불러온 후 호칭, 입사(月), 태생(月)을 각각 구하여 보세요.

- 호칭 : 성명과 직급을 결합하여 표시
- 입사(月) : 사번에서 영문 뒤의 두 자리는 '연도', 그 뒤의 두 자리는 '월'로 표시
- 태생(月) : 주민등록번호에서 월을 추출하고, 결과값에 "월"을 표시

	A	B	C	D	E	F	G	H
1								
2				☆ 전산1팀 직원 현황 ☆				
3								
4		사번	직급	성명	주민등록번호	호칭	입사(月)	태생(月)
5		A120310	상무	장보검	701021-*******	장보검상무	12년03월	10월
6		Z161130	사원	이윤진	870914-*******	이윤진사원	16년11월	09월
7		B100915	차장	전속호	731112-*******	전속호차장	10년09월	11월
8		X170103	사원	함보라	890214-*******	함보라사원	17년01월	02월
9		C140820	과장	김민우	800707-*******	김민우과장	14년08월	07월
10		Y110417	부장	양혜수	750613-*******	양혜수부장	11년04월	06월
11		D150519	대리	송한위	820516-*******	송한위대리	15년05월	05월
12		V161218	사원	윤신혜	880425-*******	윤신혜사원	16년12월	04월
13		E170216	사원	우동건	911218-*******	우동건사원	17년02월	12월

 CONCATENATE 함수

CONCATENATE(텍스트1, 텍스트2) : 여러 텍스트를 하나의 텍스트로 조인하여 표시하거나 텍스트를 서로 결합하여 나열합니다.

 '주차관리.xlsx' 파일을 불러온 후 주차시간과 이용금액을 각각 구하여 보세요.

- 이용금액 : 주차시간에 분당 금액을 곱해서 표시

	A	B	C	D	E	F	G
1							
2				☞ 주차 관리 금액 현황 ☜			
3							
4						요금	분당 100원
5		주차번호	차량	입차시간	출차시간	주차시간	이용금액
6		TTA-001	SM7	9:30	11:40	2:10	₩ 13,000
7		TTA-002	그랜저	10:00	12:30	2:30	₩ 15,000
8		TTA-003	소나타	7:10	9:00	1:50	₩ 11,000
9		TTA-004	제네시스	13:15	15:00	1:45	₩ 10,500
10		TTA-005	아반떼	17:25	19:05	1:40	₩ 10,000
11		TTA-006	에쿠스	11:05	14:25	3:20	₩ 20,000
12		TTA-007	SM5	8:40	10:55	2:15	₩ 13,500
13		TTA-008	체어맨	16:10	20:20	4:10	₩ 25,000

 HOUR/MINUTE/SECOND 함수

- HOUR(시간) : 날짜 일련번호로부터 시 단위(0시부터 23시까지)를 구합니다.
- MINUTE(시간) : 날짜 일련번호로부터 분 단위(0분부터 59분까지)를 구합니다.
- SECOND(시간) : 날짜 일련번호로부터 초 단위(0초부터 59초까지)를 구합니다.

SECTION 12 조건 함수 이용하기

E·X·C·E·L·2·0·1·6

워크시트에 입력한 데이터에서 특정 조건을 지정하여 합계, 평균, 개수 등을 계산하는 함수가 있습니다. 일반적인 함수 형식에 IF라는 조건이 추가되어 원하는 데이터만을 추출하고, 계산할 수 있는데 여기에서는 가장 사용 빈도가 높은 SUMIF, AVERAGEIF, COUNTIF 함수 등에 대해 알아보도록 하겠습니다.

1 전체 평균과 학생수 구하기

1. '제2외국어.xlsx' 파일을 불러온 후 말하기의 전체 평균을 구하기 위해 [E12] 셀에 '=ROUNDDOWN(AVERAGE(F5:F11), 1)'을 입력하고 Enter 키를 누릅니다.

> **tip** ROUND/ROUNDDOWN/ROUNDUP 함수
> - ROUND(인수, 자릿수) : 인수를 지정한 자릿수로 반올림합니다(자릿수가 0보다 크면 소수 자릿수로 반올림, 자릿수가 0이면 가장 가까운 정수로 반올림, 자릿수가 0보다 작으면 소수점 왼쪽에서 반올림).
> - ROUNDDOWN(인수, 자릿수) : 인수를 지정한 자릿수로 내립니다(자릿수가 양수이면 소수점 아래 자리에서 내림, 자릿수가 0이거나 생략되면 소수점 아래를 버리고 정수, 자릿수가 음수이면 소수점 왼쪽에서 내림).
> - ROUNDUP(인수, 자릿수) : 인수를 지정한 자릿수로 올림합니다(자릿수가 양수이면 소수점 아래 자리에서 올림, 자릿수가 0이거나 생략되면 소수점 아래를 올림하여 정수, 자릿수가 음수이면 소수점 왼쪽에서 올림).

2. 듣기 점수에서 80점 이상인 학생수를 구하기 위해 [E13] 셀에 '=COUNTIF(G5:G11, ">=80")'을 입력하고 Enter 키를 누릅니다.

> **tip** COUNTIF 함수
> COUNTIF(셀 범위, 찾을 조건) : 범위 지정 목록에서 찾을 조건과 일치하는 셀의 개수를 구하며, 비교 연산자를 사용할 경우에는 큰 따옴표(" ")로 묶습니다.

2 조건별 듣기 합계와 쓰기 평균 구하기

1. 영어의 듣기 점수 합계를 구하기 위해 [H12] 셀에 '=SUMIF(E5:E11, "영어", G5:G11)'을 입력하고 Enter 키를 누릅니다.

> **tip SUMIF 함수**
>
> SUMIF(셀 범위, 찾을 조건, 합을 구할 셀 범위) : 조건에 맞는 셀들의 합을 구하며, 합을 구할 셀 범위를 생략하면 처음 지정한 셀 범위의 합을 구합니다

2. 여자의 쓰기 점수 평균(소수점 첫째 자리에서 반올림)을 구하기 위해 [H13] 셀에 '=ROUNDUP(AVERAGEIF(C5:C11, "여자", H5:H11), 1)'을 입력하고 Enter 키를 누릅니다. 모든 작업이 완료되면 '제2외국어.xlsx' 파일로 저장합니다.

> **tip AVERAGEIF 함수**
>
> AVERAGEIF(셀 범위, 조건, 평균 범위) : 범위 지정 목록에서 조건에 맞는 셀들의 평균을 구합니다.

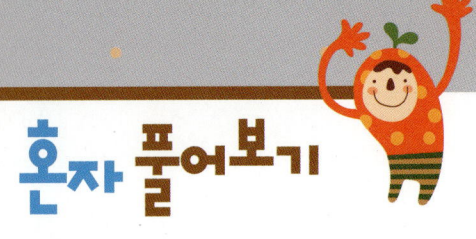

혼자 풀어보기

① '업체별실적.xlsx' 파일을 불러온 후 평균이 80 이상인 업체수를 구하여 보세요.

	A	B	C	D	E	F	G	H	I
1									
2		◎ 업체별 전반기/후반기 실적 현황 ◎							
3									
4		업체코드	업체명	전반기	후반기	평균			
5		WSX-001	제일전자	74	47	60.5			
6		WSX-002	KMT전자	85	58	71.5			
7		WSX-003	굿마트	96	69	82.5			
8		WSX-004	서울전자랜드	70	71	70.5			
9		WSX-005	WIZ전자	80	82	81			
10		WSX-006	플래닛마트	90	93	91.5			
11		WSX-007	대한전자랜드	88	77	82.5		평균이 80 이상인 업체수		
12		WSX-008	VIC전자	65	45	55				
13		WSX-009	최고마트	50	100	75		4개		

HINT COUNTIF 함수와 & 연산자를 사용합니다.

② '휴가일수.xlsx' 파일을 불러온 후 직급이 대리인 사람들의 휴가일수를 구하여 보세요.

	A	B	C	D	E	F	G	H	I
1									
2		※ 직원별 휴가일수 현황 ※							
3									
4		사번	직원명	성별	직급	휴가일수			
5		ABC-01	오희진	여	대리	15			
6		ABC-02	남일국	남	사원	20			
7		ABC-03	강유리	여	과장	7			
8		ABC-04	표성훈	남	사원	23			
9		ABC-05	박국주	여	대리	18			
10		ABC-06	조휘재	남	사원	10			
11		ABC-07	양시영	여	부장	5		직급이 대리인 사람의 휴가일수		
12		ABC-08	홍정환	남	사원	30				
13		ABC-09	천미숙	여	과장	13		33일		

HINT SUMIF 함수와 & 연산자를 사용합니다.

 '합격자수.xlsx' 파일을 불러온 후 부산 지역의 2019년도 평균을 구하여 보세요.

	A	B	C	D	E	F	G	H	I
1									
2		☆ 학교별 합격자수 현황 ☆							
3									
4		학교명	지역	전체인원	2018년도	2019년도			
5		초심고등학교	서울	740명	400	430			
6		우리고등학교	부산	850명	320	300			
7		대한고등학교	대구	960명	510	590			
8		으뜸고등학교	대전	700명	470	440			
9		양심고등학교	서울	800명	300	370			
10		최선고등학교	부산	900명	550	500			
11		나라고등학교	대구	550명	200	125		부산 지역의 2019년도 평균	
12		미래고등학교	대전	710명	295	220			
13		현대고등학교	서울	820명	350	450		400점	

 AVERAGEIF 함수와 & 연산자를 사용합니다.

 '컴퓨터실무.xlsx' 파일을 불러온 후 세 가지 조건에 해당하는 함수식을 각각 구하여 보세요.

	A	B	C	D	E	F	G	H
1								
2				▶ 사원별 컴퓨터 실무 점수 ◀				
3								
4		사원코드	사원명	직급	한글	엑셀	파워포인트	평균
5		EDC-001	강승엽	대리	60	70	73	67.7
6		EDC-002	이미진	사원	50	80	91	73.7
7		EDC-003	송대호	과장	40	90	85	71.7
8		EDC-004	백여진	사원	71	78	46	65
9		EDC-005	김신수	부장	82	98	67	82.4
10		EDC-006	허슬	과장	93	45	100	79.4
11		EDC-007	권승환	사원	55	65	88	69.4
12		사원 직급의 사원수			3명			
13		과장 직급의 한글 점수 합계			133점			
14		사원 직급의 엑셀 점수 평균			74.4점			

 COUNTIF, SUMIF, AVERAGEIF 함수와 & 연산자를 사용합니다.

SECTION 13 찾기/참조 함수 이용하기

찾기/참조 함수는 워크시트의 지정 범위에서 원하는 데이터를 찾기(참조)한 후 관련 정보를 추출하는 함수로 엑셀 함수 중에서는 형식이 가장 복잡합니다. 여기에서는 사용 빈도가 가장 높은 VLOOKUP, HLOOKUP, CHOOSE, INDEX, MATCH 함수 등에 대해 알아보도록 하겠습니다.

1 신규 아파트 표시하고 가구수가 가장 많은 아파트 구하기

1. '아파트분양.xlsx' 파일을 불러옵니다.

2. 비고란에 차수가 1차인 경우에만 '신규'라고 표시하기 위해 [I5] 셀에 '=CHOOSE(LEFT(C5, 1), "신규", "-", "-")'를 입력하여 처리합니다.

> **tip** **CHOOSE 함수**
> CHOOSE(번호, 인수1, 인수2) : 인수 목록 중 번호에 해당하는 인수를 구합니다(목록 중 하나를 골라 선택).

3. [I5] 셀의 채우기 핸들을 [I11] 셀까지 드래그하여 나머지 아파트도 표시합니다.

	A	B	C	D	E	F	G	H	I
1									
2				□ 신규 아파트 분양가 현황 □					
3									
4		분양 아파트명	차수	경쟁률	가구수	분양가 (만원)	시세 (만원)	분양가 총액 (만원)	비고
5		아름다움	1차	17 : 1	890	₩ 18,350	₩ 16,000	₩16,331,500	신규
6		브라운	2차	5 : 1	570	₩ 22,200	₩ 20,500	₩12,654,000	-
7		푸르름	1차	3 : 1	695	₩ 16,700	₩ 14,000	₩11,606,500	신규
8		행복플러스	2차	10 : 1	990	₩ 25,350	₩ 24,000	₩25,096,500	-
9		힐스마일	3차	8 : 1	1050	₩ 19,150	₩ 18,500	₩20,107,500	-
10		위즈캐슬	3차	7 : 1	1470	₩ 17,400	₩ 25,500	₩25,578,000	-
11		미래안	1차	12 : 1	785	₩ 23,850	₩ 19,500	₩18,722,250	신규
12		가구수가 가장 많은 아파트				아파트명	가구수	시세가 두 번째인 경쟁률	
13						아름다움			

4. 가구수가 가장 많은 아파트를 구하기 위해 [E12] 셀에 '=INDEX(B5:G11, MATCH(MAX(E5:E11), E5:E11, 0), 1)'을 입력하고 Enter 키를 누릅니다.

	A	B	C	D	E	F	G	H	I
1									
2				□ 신규 아파트 분양가 현황 □					
3									
4		분양 아파트명	차수	경쟁률	가구수	분양가 (만원)	시세 (만원)	분양가 총액 (만원)	비고
5		아름다움	1차	17 : 1	890	₩ 18,350	₩ 16,000	₩16,331,500	신규
6		브라운	2차	5 : 1	570	₩ 22,200	₩ 20,500	₩12,654,000	-
7		푸르름	1차	3 : 1	695	₩ 16,700	₩ 14,000	₩11,606,500	신규
8		행복플러스	2차	10 : 1	990	₩ 25,350	₩ 24,000	₩25,096,500	-
9		힐스마일	3차	8 : 1	1050	₩ 19,150	₩ 18,500	₩20,107,500	-
10		위즈캐슬	3차	7 : 1	1470	₩ 17,400	₩ 25,500	₩25,578,000	-
11		미래안	1차	12 : 1	785	₩ 23,850	₩ 19,500	₩18,722,250	신규
12		가구수가 가장 많은 아파트			위즈캐슬	아파트명	가구수	시세가 두 번째인 경쟁률	
13						아름다움			

> **tip** **INDEX/MATCH 함수**
> – INDEX(배열, 행 번호, 열 번호) : 표 또는 범위에서 지정된 행이나 열에 해당하는 값을 구하며, 해당 범위 내에 값이나 참조 영역을 구합니다.
> – MATCH(검색값, 배열 또는 범위, 검색 방법) : 지정한 순서와 조건에 맞는 배열에서 항목의 상대 위치 값을 찾습니다. 이때, 검색 방법이 '1'이면 검색값보다 작거나 같은 값 중 최댓값을 찾고(오름차순 정렬), 검색 방법이 '0'이면 검색값보다 크거나 같은 값 중 최솟값을 찾습니다(내림차순 정렬).

2 특정 아파트의 가구수와 시세가 두 번째인 아파트 경쟁률 찾기

1. '아름다움' 아파트의 가구수를 구하기 위해 [G13] 셀에 '=VLOOKUP(F13, B5:G11, 4, 0)'을 입력하고 Enter 키를 누릅니다.

분양 아파트명	차수	경쟁률	가구수	분양가 (만원)	시세 (만원)	분양가 총액 (만원)	비고
아름다움	1차	17 : 1	890	₩ 18,350	₩ 16,000	₩16,331,500	신규
브라운	2차	5 : 1	570	₩ 22,200	₩ 20,500	₩12,654,000	-
푸르름	1차	3 : 1	695	₩ 16,700	₩ 14,000	₩11,606,500	신규
행복플러스	2차	10 : 1	990	₩ 25,350	₩ 24,000	₩25,096,500	-
힐스마일	3차	8 : 1	1050	₩ 19,150	₩ 18,500	₩20,107,500	-
위즈캐슬	3차	7 : 1	1470	₩ 17,400	₩ 25,500	₩25,578,000	-
미래안	1차	12 : 1	785	₩ 23,850	₩ 19,500	₩18,722,250	신규
가구수가 가장 많은 아파트			위즈캐슬	아파트명	가구수	시세가 두 번째인 경쟁률	
				아름다움	890		

tip VLOOKUP/HLOOKUP 함수

- VLOOKUP(찾을 값, 범위, 열 번호, 찾는 방법) : 배열 첫 열에서 값을 검색한 후 지정한 열의 같은 행에서 데이터를 추출하며, 첫 번째 열 값은 항상 오름차순으로 정렬되어야 합니다.
- HLOOKUP(찾을 값, 범위, 행 번호, 찾는 방법) : 배열 첫 행에서 값을 검색한 후 지정한 행의 같은 열에서 데이터를 추출하며, 첫 번째 행 값은 항상 오름차순으로 정렬되어야 합니다.
- 찾는 방법이 TRUE이거나 생략된 경우 첫째 열/행에서 정확하게 일치하는 값이 없으면 찾을 값보다 작은 값 중에서 최댓값을 찾고, 찾는 방법이 FALSE인 경우 첫째 열/행에서 정확하게 일치하는 값을 찾습니다.

2. 시세가 두 번째 아파트 경쟁률을 구하기 위해 [H13] 셀에 '=INDEX(B5:G11, MATCH(LARGE(G5:G11, 2), G5:G11, 0), 3)'을 입력하고 Enter 키를 누릅니다.

분양 아파트명	차수	경쟁률	가구수	분양가 (만원)	시세 (만원)	분양가 총액 (만원)	비고
아름다움	1차	17 : 1	890	₩ 18,350	₩ 16,000	₩16,331,500	신규
브라운	2차	5 : 1	570	₩ 22,200	₩ 20,500	₩12,654,000	-
푸르름	1차	3 : 1	695	₩ 16,700	₩ 14,000	₩11,606,500	신규
행복플러스	2차	10 : 1	990	₩ 25,350	₩ 24,000	₩25,096,500	-
힐스마일	3차	8 : 1	1050	₩ 19,150	₩ 18,500	₩20,107,500	-
위즈캐슬	3차	7 : 1	1470	₩ 17,400	₩ 25,500	₩25,578,000	-
미래안	1차	12 : 1	785	₩ 23,850	₩ 19,500	₩18,722,250	신규
가구수가 가장 많은 아파트			위즈캐슬	아파트명	가구수	시세가 두 번째인 경쟁률	
				아름다움	890	10 : 1	

3. 모든 작업이 완료되면 '아파트분양(완성).xlsx' 파일로 저장합니다.

혼자 풀어보기

① '부서현황.xlsx' 파일을 불러온 후 담당부서를 조건에 맞게 구하여 보세요.

• 담당부서 : 사번의 세 번째 자리가 1이면 '지적과', 2이면 '재무과', 3이면 '지원과'로 표시

사번	사원명	성별	직위	담당부서	근무년수
M-102	오마이	여	사원	지적과	1년
M-277	함지박	남	과장	재무과	3년
M-380	유도복	남	대리	지원과	2년
M-222	강냉이	여	차장	재무과	5년
M-175	최서방	남	사원	지적과	1년
M-358	금지령	여	대리	지원과	2년
M-248	양서류	여	과장	재무과	4년
M-195	장독대	남	부장	지적과	7년

 HINT CHOOSE 함수와 MID 함수를 사용합니다.

② '주식거래.xlsx' 파일을 불러온 후 WIZ닷컴의 매입가를 구하여 보세요.

◆ 종목별 주식 거래 현황 ◆

종목	주문수량	매매 기준가	주식시세 매입가	매도가
헬스제약	5100주	₩ 35,000	₩ 33,500	₩ 35,000
대박증권	3200주	₩ 44,000	₩ 40,000	₩ 48,000
시민은행	15000주	₩ 28,500	₩ 28,000	₩ 30,000
VB전산	4450주	₩ 71,000	₩ 66,000	₩ 62,500
맛나식품	2800주	₩ 18,500	₩ 18,500	₩ 26,000
국민보험	10000주	₩ 55,000	₩ 50,000	₩ 78,000
WIZ닷컴	7450주	₩ 60,000	₩ 51,000	₩ 59,500
경기철강	8900주	₩ 75,000	₩ 60,000	₩ 64,500

WIZ닷컴 매입가 : ₩ 51,000

 HINT INDEX 함수를 사용합니다.

 '상여금.xlsx' 파일을 불러온 후 총 상여금을 조건에 맞게 구하여 보세요.

- 총 상여금 : 기본 상여금과 등급에 따른 차등 상여금을 이용하여 계산

	A	B	C	D	E	F
1						
2		♠ 직원별 총 상여금 현황 ♠				
3						
4		직원명	직위	등급	기본 상여금	총 상여금
5		장만옥	대리	3	₩ 2,500,000	₩ 2,850,000
6		유덕화	부장	1	₩ 4,500,000	₩ 5,050,000
7		공리	과장	4	₩ 3,000,000	₩ 3,250,000
8		이연걸	사원	2	₩ 1,700,000	₩ 2,150,000
9		왕조현	대리	1	₩ 2,300,000	₩ 2,850,000
10		주윤발	사원	3	₩ 1,750,000	₩ 2,100,000
11						
12		등급	1	2	3	4
13		차등 상여금	₩ 550,000	₩ 450,000	₩ 350,000	₩ 250,000

 HLOOKUP 함수를 사용합니다.

 '보너스지급.xlsx' 파일을 불러온 후 보너스를 조건에 맞게 구하여 보세요(단, 보너스=본봉×부서별 보너스).

- 보너스 : 해당 부서의 보너스(%)를 이용하여 사원의 보너스를 계산

	A	B	C	D	E	F	G	H	I
1									
2		■ 부서별 보너스 지급 목록 ■							
3									
4		사원명	직위	본봉	부서	보너스		부서	보너스(%)
5		주도적	부장	₩ 3,650,000	기획부	₩ 1,825,000		기획부	50
6		한마음	대리	₩ 2,000,000	영업부	₩ 1,400,000		영업부	70
7		천지인	사원	₩ 1,500,000	홍보부	₩ 1,350,000		홍보부	90
8		이만원	과장	₩ 2,500,000	기획부	₩ 1,250,000			
9		표주박	차장	₩ 3,000,000	영업부	₩ 2,100,000			
10		고사리	부장	₩ 3,300,000	홍보부	₩ 2,970,000			
11		임명장	대리	₩ 1,900,000	기획부	₩ 950,000			
12		정발산	사원	₩ 1,600,000	영업부	₩ 1,120,000			
13		송사리	과장	₩ 2,350,000	홍보부	₩ 2,115,000			

 VLOOKUP 함수를 사용합니다.

SECTION 14 스파크라인 기능 이용하기

스파크라인은 단일 워크시트에 있는 셀 안의 작은 차트로 데이터 추세를 시각적으로 표현하는 기능입니다. 스파크라인 기능으로 워크시트에 데이터의 추세를 표시하면 다른 사용자와 데이터를 공유할 때 유용합니다.

1 스파크라인 만들기

1. '지점별 판매현황.xlsx' 파일을 불러온 후 [G5:G13] 영역을 블록 지정하고 [삽입] 탭의 [스파크라인] 그룹에서 열( ) 단추를 클릭합니다.

	A	B	C	D	E	F	G
1							
2				◎ 지점별 판매 현황 ◎			
3							
4		지점명		2017년 판매액	2018년 판매액	2019년 판매액	평가분석
5		성남	분당지점	1,500,000	2,680,000	1,400,000	
6			수정지점	1,455,000	3,950,000	2,500,450	
7			중원지점	3,856,230	5,412,000	2,586,330	
8		서울	강서지점	2,456,030	6,321,000	3,569,820	
9			강동지점	1,258,000	4,560,000	2,365,120	
10			강남지점	2,415,000	3,312,000	1,682,300	
11			송파지점	1,122,130	1,953,000	2,456,330	
12			서초지점	1,332,560	5,004,500	3,698,500	
13			용산지점	1,315,640	4,753,000	3,652,230	

tip 스파크라인 : 계절별 변화나 경기 순환과 같은 중요 항목을 눈에 띄게 표시하고, 최댓값과 최솟값을 다른 색으로 강조하여 표시할 수 있습니다.

2. [스파크라인 만들기] 대화 상자에서 데이터 범위는 [D5:F13] 영역을 지정한 후 '위치 범위'로([G5:G13])가 지정된 것을 확인하고 [확인] 단추를 클릭합니다.

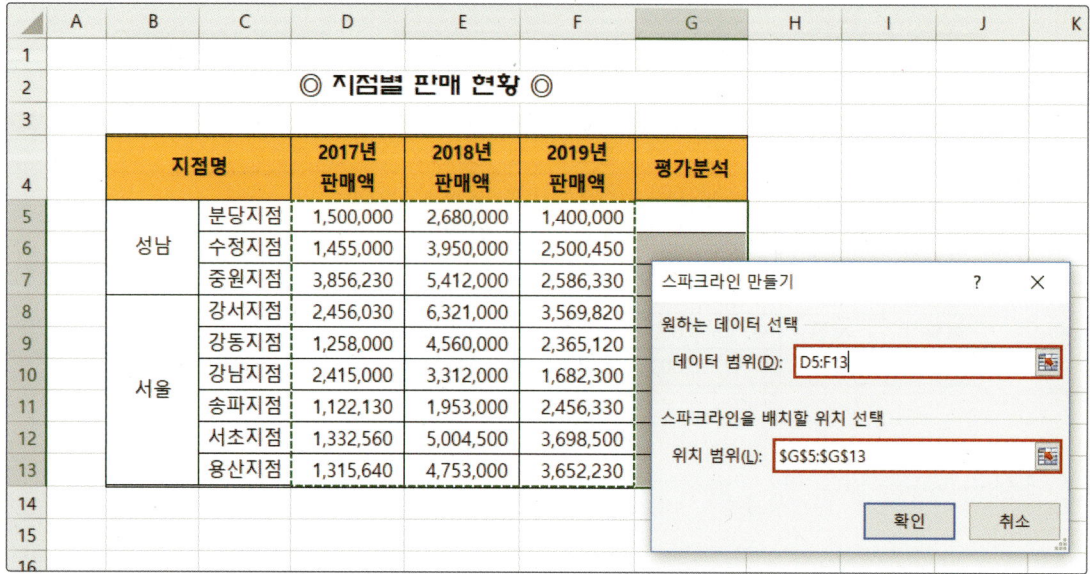

2 스파크라인 스타일 지정하기

1. [G5:G13] 영역이 블록 지정된 상태에서 [스파크라인 도구]-[디자인] 탭의 [스타일] 그룹에서 자세히(▼) 단추를 클릭하고, '스파크라인 스타일 강조 5, (어둡게 또는 밝게 없음)'을 선택합니다.

2. 계속해서 [스파크라인 도구]-[디자인] 탭의 [표시] 그룹에서 '높은 점'을 선택하면 데이터의 가장 높은 점을 강조합니다. 모든 작업이 완료되면 '판매현황(완성).xlsx' 파일로 저장합니다.

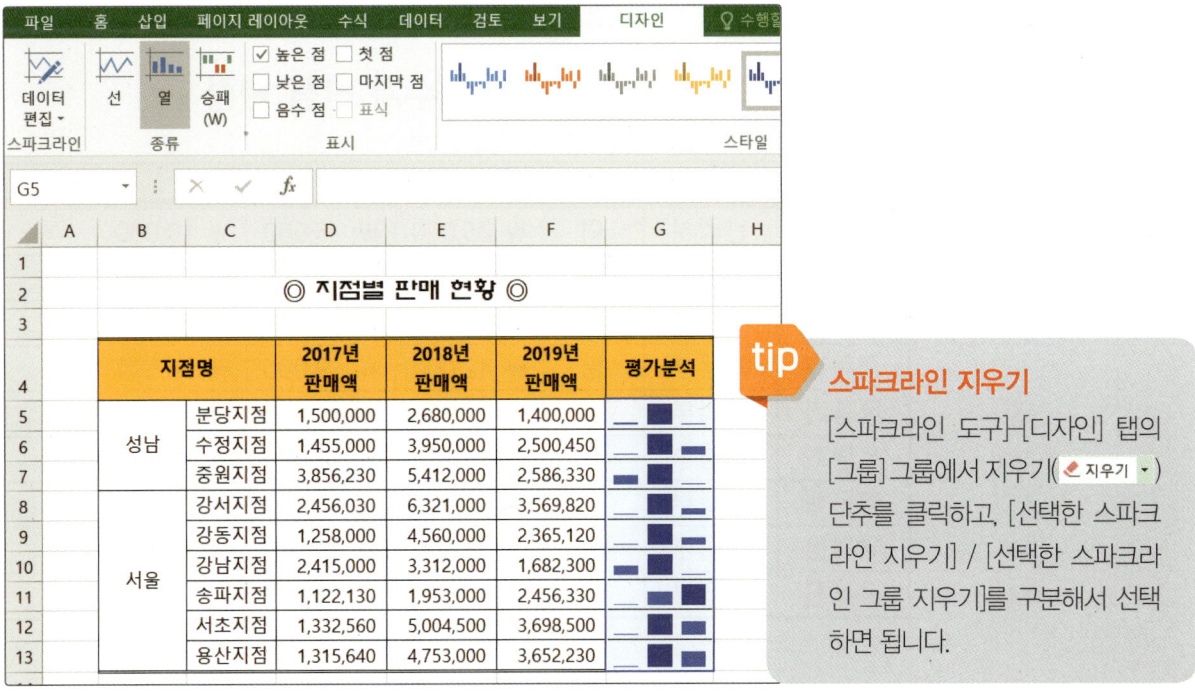

tip 스파크라인 지우기

[스파크라인 도구]-[디자인] 탭의 [그룹] 그룹에서 지우기(✦ 지우기 ▼) 단추를 클릭하고, [선택한 스파크라인 지우기] / [선택한 스파크라인 그룹 지우기]를 구분해서 선택하면 됩니다.

혼자 풀어보기

① '진급자.xlsx' 파일을 불러온 후 성적표시에 열 스파크라인을 삽입하여 보세요.

- 스타일 : 스파크라인 스타일 강조 2, 25% 더 어둡게

성명	부서	책임성	근면성	성실성	외국어	성적표시
박태수	영업부	77	80	82	80	
이창남	기획부	65	93	85	75	
송나정	총무부	88	85	83	97	
김나윤	인사부	70	88	92	100	
조기환	영업부	80	85	93	85	
지설향	기획부	99	92	75	81	
임채민	영업부	85	95	73	89	
강유진	총무부	90	98	93	83	

② '연수자신청.xlsx' 파일을 불러온 후 비용표시에 꺾은선형 스파크라인을 삽입하여 보세요.

- 표시 : 높은 점

『 2019년도 연수자 신청 현황 』

성명	부서	성별	교통비	교재비	교육비	비용표시
김수연	관리부	여	₩25,000	₩5,000	₩10,000	
박시요	기획부	여	₩30,000	₩14,000	₩44,000	
조미경	재경부	여	₩13,500	₩17,000	₩25,000	
최혜열	총무부	남	₩42,000	₩9,000	₩36,500	
맹동기	관리부	남	₩41,000	₩3,800	₩44,800	
우명화	재경부	여	₩16,500	₩20,000	₩26,500	
황웅철	기획부	남	₩21,300	₩14,300	₩27,600	
이재문	영업부	남	₩37,800	₩15,800	₩23,600	
윤효진	영업부	여	₩40,000	₩16,000	₩26,000	

 '당일주식.xlsx' 파일을 불러온 후 거래표시에 승패 스파크라인을 삽입하여 보세요.

• 스타일 : 스파크라인 스타일 색상형 #4

	A	B	C	D	E	F	G
1							
2		■ 당일 주식 거래 현황 ■					
3							
4		종목	시가	최고	최저	전일비	거래표시
5		우수산업	₩ 6,100	₩ 6,180	₩ 6,000	-₩ 1,000	
6		Vision IT	₩ 2,320	₩ 2,560	₩ 2,300	-₩ 200	
7		나라전자	₩ 1,470	₩ 1,495	₩ 1,455	-₩ 150	
8		플러스콤	₩ 34,000	₩ 36,200	₩ 35,200	₩ 1,200	
9		세계정밀	₩ 5,400	₩ 5,760	₩ 5,540	₩ 1,400	
10		대성통산	₩ 7,560	₩ 7,700	₩ 7,450	-₩ 1,100	
11		미래금융	₩ 11,200	₩ 13,200	₩ 11,600	₩ 4,000	
12		KS선박	₩ 15,400	₩ 16,300	₩ 15,500	-₩ 1,000	
13		제일기술	₩ 1,100	₩ 13,200	₩ 9,870	₩ 8,770	

 '사원판매.xlsx' 파일을 불러온 후 분기표시에 꺾은선형 스파크라인을 삽입하여 보세요.

• 스타일 : 스파크라인 스타일 색상형 #2
• 표시 : 낮은 점

	A	B	C	D	E	F	G	H	I
1									
2		§ 분기별 사원 판매 현황 §							
3									
4		성명	성별	부서명	1사분기	2사분기	3사분기	4사분기	분기표시
5		최재필	남	전략팀	740	450	770	390	
6		이영범	남	홍보팀	850	650	1440	280	
7		전미경	여	관리팀	1320	580	460	810	
8		정은주	여	기획팀	960	320	550	1170	
9		홍명호	남	홍보팀	410	1120	620	990	
10		박소연	여	관리팀	520	780	510	880	
11		양변액	남	전략팀	630	980	490	660	
12		표진희	여	기획팀	340	660	470	270	

SECTION 15 차트 만들고 편집하기

차트는 워크시트의 데이터를 막대, 선, 도형 등을 이용하여 시각적으로 표현한 것으로 작성된 차트를 활용해 각종 데이터를 비교, 분석, 예측할 수 있습니다. 여기에서는 데이터에 따라 원하는 차트를 작성한 후 여러 가지 구성 요소들을 하나하나 편집하는 방법에 대해서 자세히 알아봅니다.

1 기본 차트 만들기

1. '공채모집.xlsx' 파일을 불러온 후 [D4:G9] 영역을 블록 지정하고 [삽입] 탭의 [차트] 그룹에서 세로 또는 가로막대형 차트 삽입( ) 단추를 클릭한 다음 '묶은 세로 막대형'을 선택합니다.

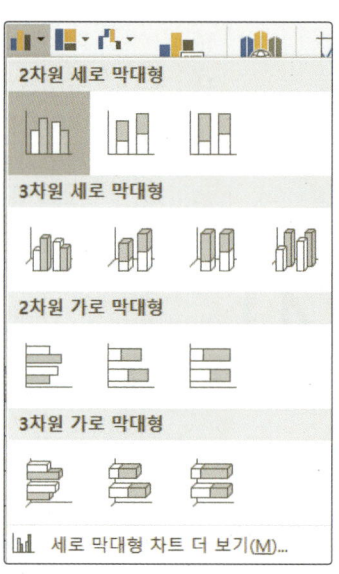

2. 워크시트에 차트가 삽입되면 차트 영역을 드래그하여 위치를 이동한 후 차트 테두리의 크기 조절 핸들을 이용하여 차트 크기를 조절합니다. 이때 Alt 키를 누른 상태에서 크기를 조절하면 차트가 셀에 맞추어 조절되어 편리합니다.

3. [차트 도구]-[디자인] 탭의 [차트 스타일] 그룹에서 자세히() 단추를 클릭하고 원하는 스타일(스타일 6)을 선택합니다.

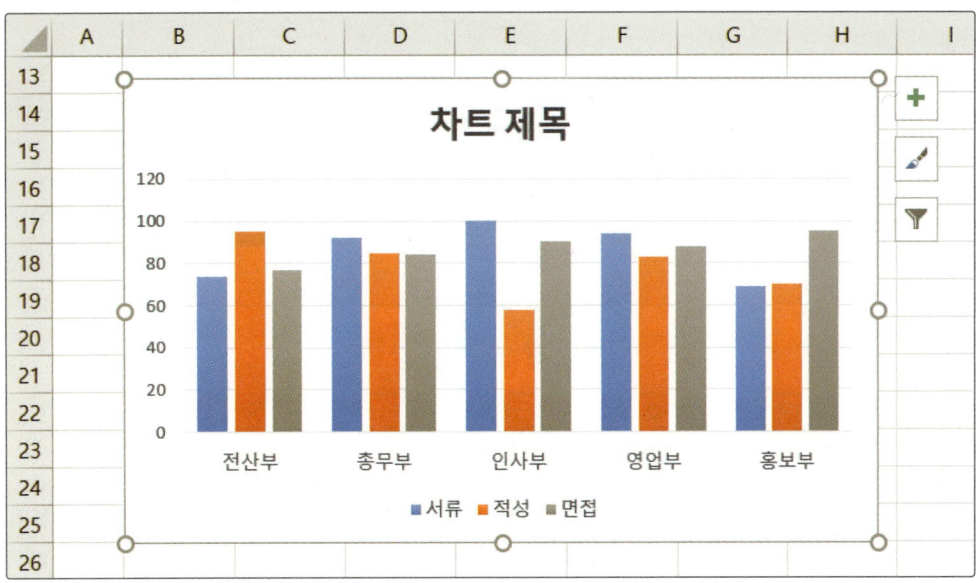

2 차트 레이아웃 변경하기

1. [차트 도구]-[디자인] 탭의 [차트 레이아웃] 그룹에서 차트 요소 추가( ) 단추를 클릭하여 [축 제목]-[기본 세로]를 선택한 후 기존 텍스트를 지우고 '점수'를 입력합니다.

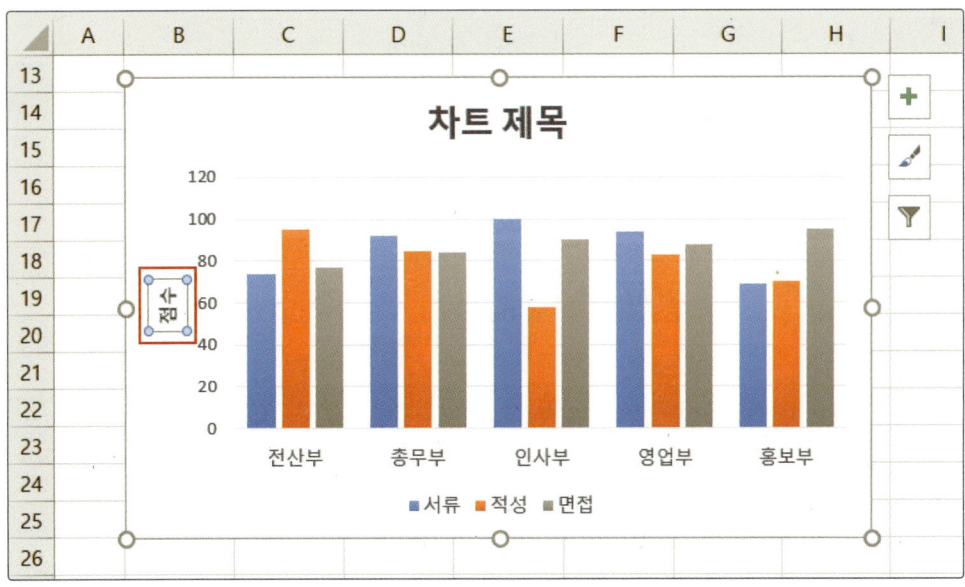

2. 계속해서 차트 제목에도 기존 텍스트를 지우고 '지원자 성적 현황'을 입력합니다.

> **tip 제목의 글꼴 서식**
> 차트 제목, 축 제목 등의 글꼴을 변경하려면 해당 제목을 선택한 후 [홈] 탭의 [글꼴] 그룹에서 원하는 글꼴 서식을 지정하면 됩니다.

3. 범례의 위치를 위쪽으로 이동시키기 위해 [차트 레이아웃] 그룹에서 차트 요소 추가( ) 단추를 클릭하여 [범례]-[위쪽]을 선택합니다.

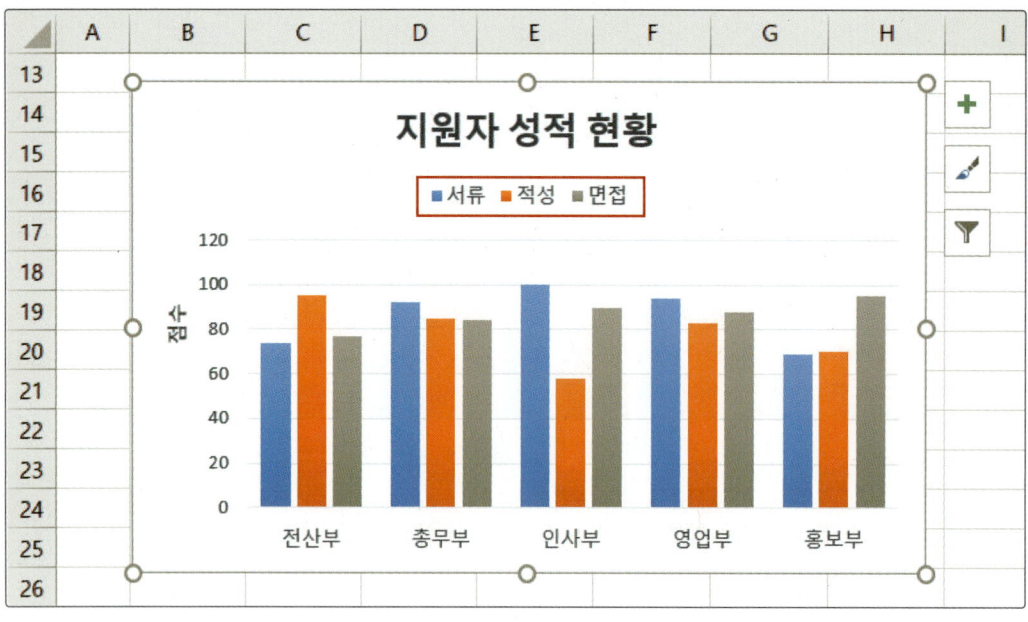

3 차트 서식 지정하기

1. 차트 계열 중 '면접'을 선택한 후 [차트 도구]-[서식] 탭의 [도형 스타일] 그룹에서 도형 효과( ) 단추를 클릭하여 [기본 설정]-[미리 설정]-[기본 설정 2]를 선택합니다.

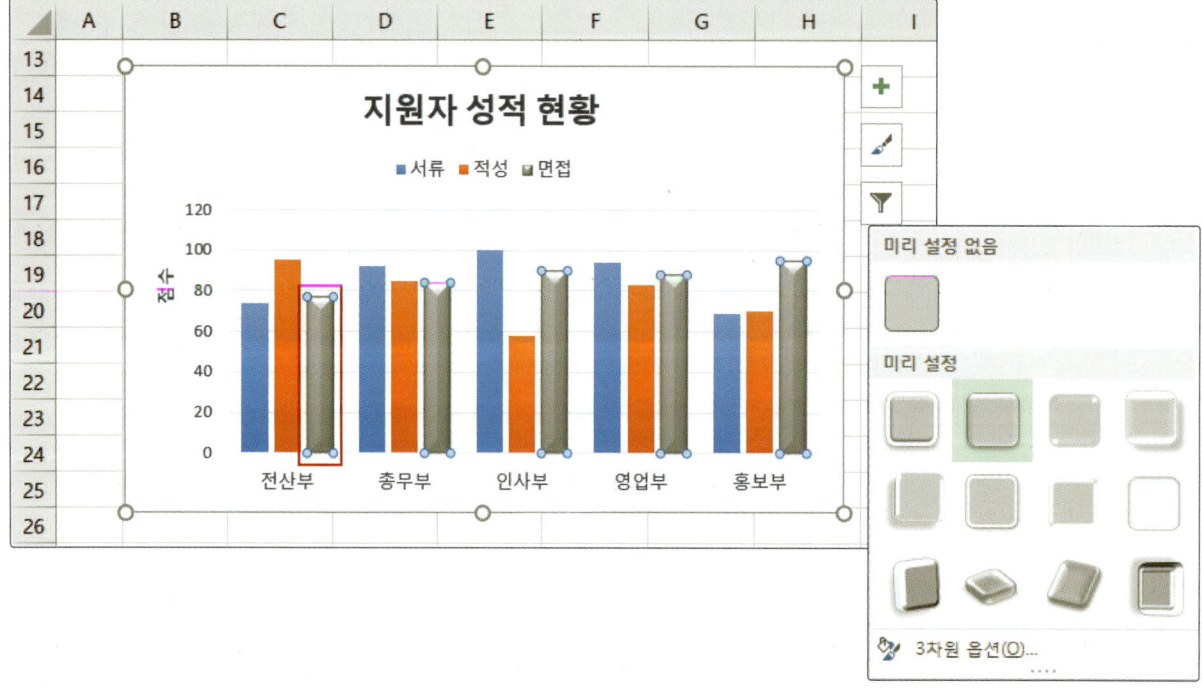

> **tip 데이터 계열**
> 각각의 데이터 계열은 [도형 스타일] 그룹에서 도형 채우기( ), 도형 윤곽선( ), 도형 효과( ) 단추를 이용하여 원하는 스타일로 변경할 수 있습니다.

2. 차트 요소 중 세로 (값) 축을 더블 클릭합니다. 또는 세로 (값) 축에서 마우스 오른쪽 버튼을 클릭하여 [축 서식]을 선택합니다.

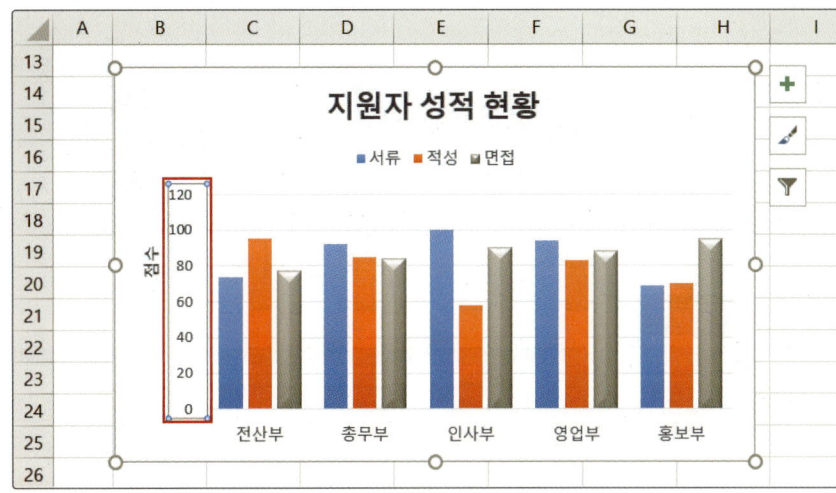 

> **tip 차트 요소 :** 차트에서 마우스 포인터를 해당 위치에 놓으면 차트의 요소 이름이 스크린 팁으로 표시됩니다. 이때 해당 요소를 클릭하면 요소가 선택됩니다.

3. 축 서식 작업 창이 나타나면 축 옵션에서 최댓값은 '100', 주 단위는 '20'을 각각 입력하고 Enter 키를 누릅니다. 화면 오른쪽 상단에서 닫기(✕) 단추를 클릭하면 작업 창이 종료됩니다.

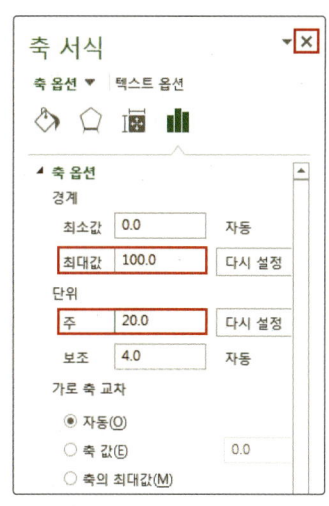

> **tip 축 서식**
> - 🎨 : 채우기, 선 등을 지정할 수 있습니다.
> - ⬠ : 그림자, 네온, 부드러운 가장자리, 3차원 서식 등을 지정할 수 있습니다.
> - 🔲 : 크기 및 속성, 맞춤 등을 지정할 수 있습니다.
> - 📊 : 축 옵션, 눈금, 레이블, 표시 형식 등을 지정할 수 있습니다.

4. 그 결과 세로 (값) 축의 최댓값은 '100', 주 단위는 '20'으로 지정된 것을 확인할 수 있습니다. 모든 작업이 완료되면 '공채모집.xlsx' 파일로 저장합니다.

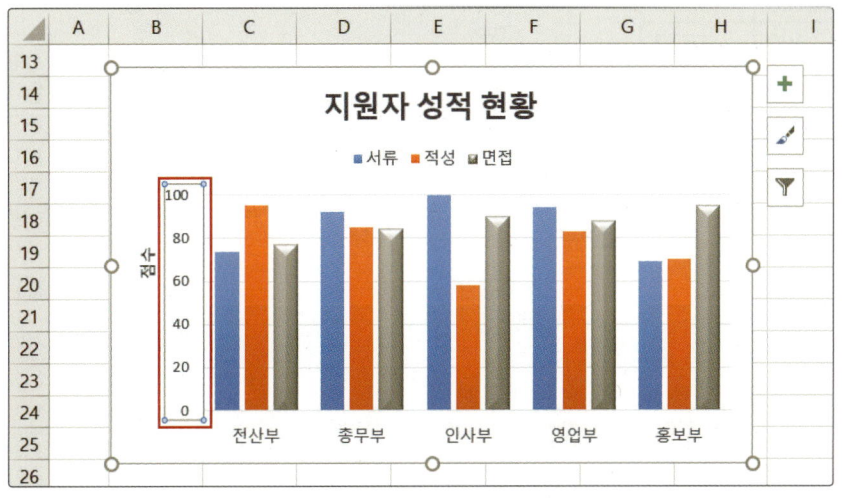

혼자 풀어보기

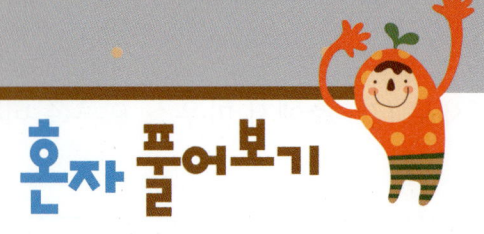

1 '주식이익.xlsx' 파일을 불러온 후 3차원 가로 막대형 차트를 작성하여 보세요.

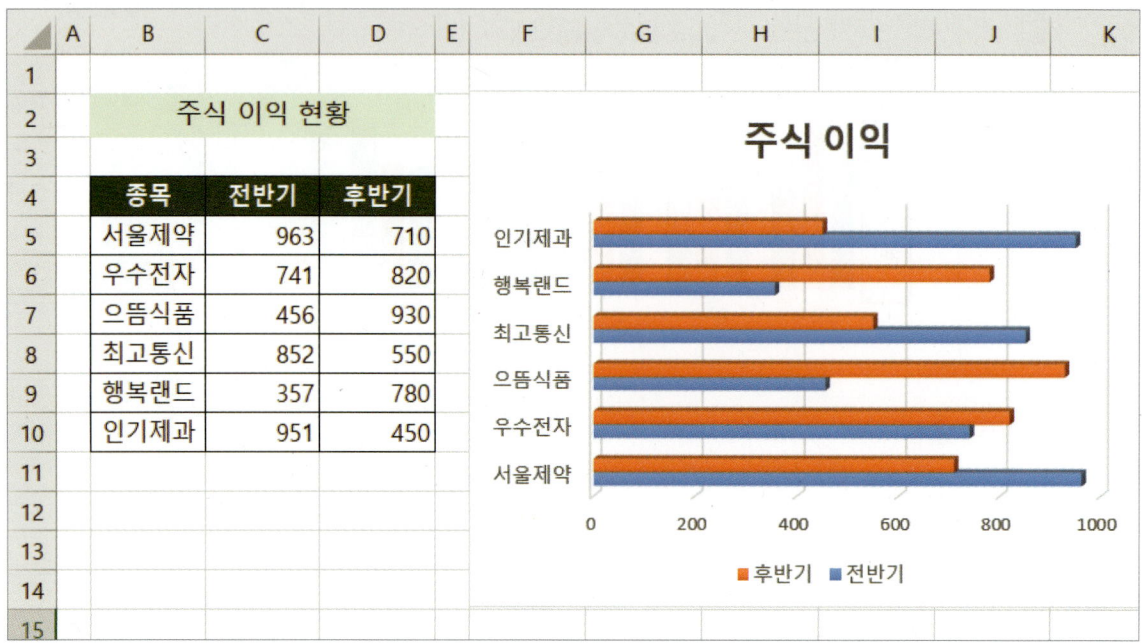

> **HINT** 차트 스타일은 '스타일 11'로 지정합니다.

2 '문구류판매.xlsx' 파일을 불러온 후 표식이 있는 꺾은선형 차트를 작성하여 보세요.

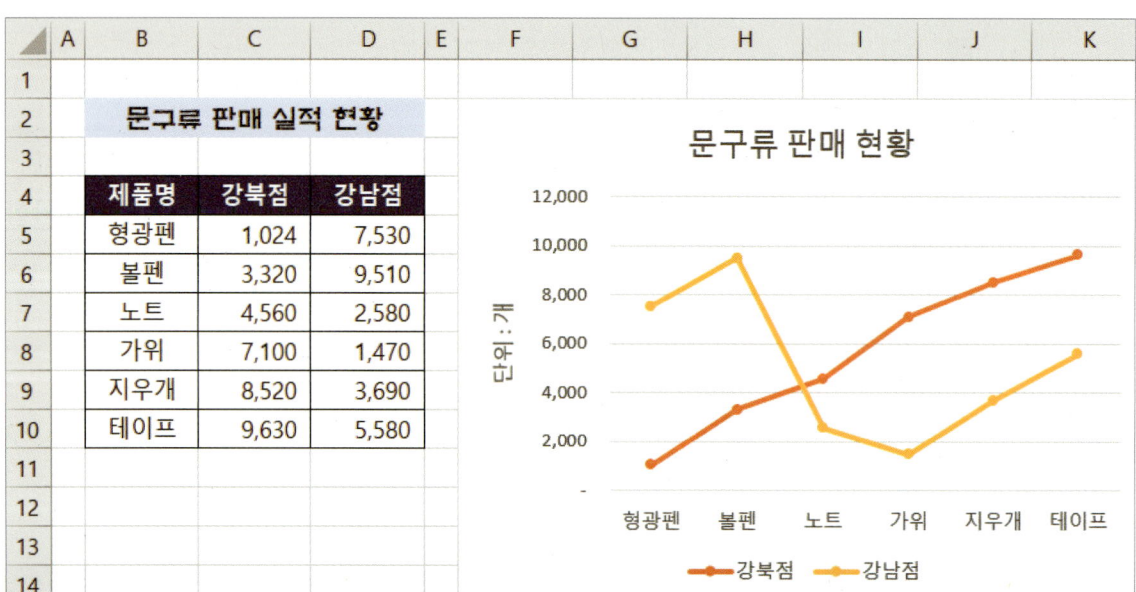

> **HINT**
> • 차트 스타일은 색 변경에서 '색 3'을 지정합니다.
> • 차트 요소 추가는 [축 제목]-[기본 세로]를 선택합니다.

'전자제품.xlsx' 파일을 불러온 후 3차원 원형 차트를 작성하여 보세요.

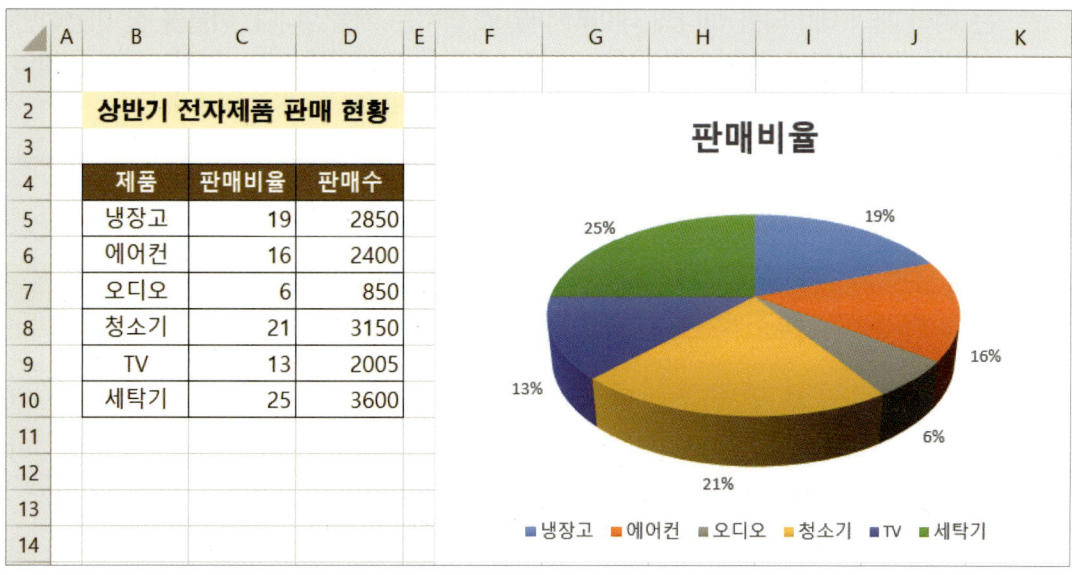

- 차트 스타일은 '스타일 5'로 지정합니다.
- 차트 요소 추가는 [데이터 레이블]-[바깥쪽 끝에]를 선택합니다.
- 레이블 옵션은 '백분율'을 선택합니다.

 '합격비율.xlsx' 파일을 불러온 후 혼합형 차트를 작성하여 보세요.

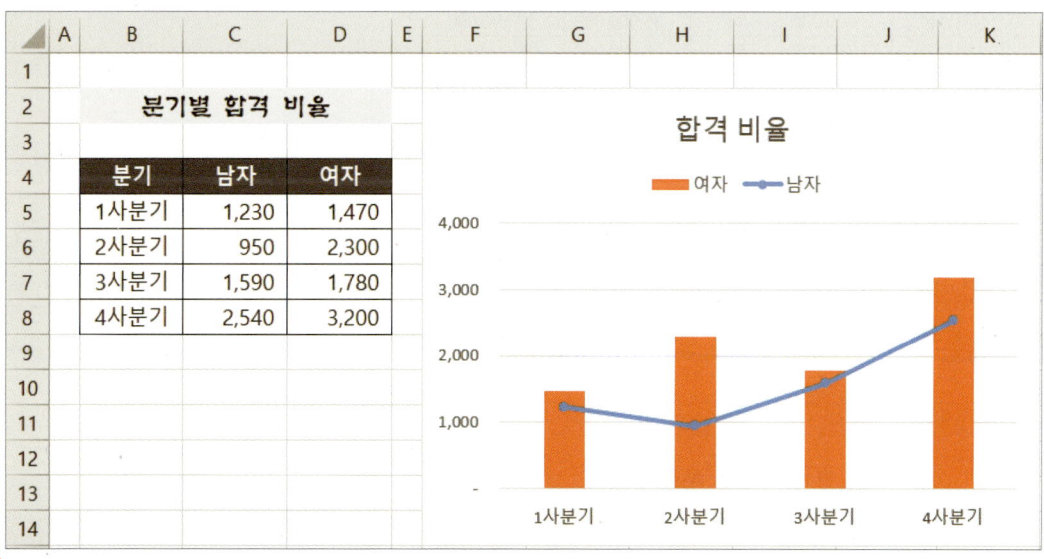

- 묶은 세로 막대형 차트를 작성한 후 '남자' 계열만을 선택하고 차트 종류 변경에서 '표식이 있는 누적 꺾은선형'을 선택합니다.
- 차트 요소 추가는 [범례]-[위쪽]을 선택합니다.
- 세로 (값) 축에서 주 단위를 '1000'으로 수정합니다.

SECTION 16. 목표값 찾기와 데이터 통합

E·X·C·E·L·2·0·1·6

목표값 찾기는 내가 원하는 값에 도달되도록 과정을 찾을 때 사용하는 기능이고, 데이터 통합은 여러 개의 데이터를 하나의 데이터 파일로 합치는 기능입니다. 이들을 잘 이용하면 제품 가격을 결정하거나 영업 계획 등을 수립할 때 많은 도움이 됩니다. 여기에서는 엑셀의 여러 가지 자동화 기능 중에서 가장 사용 빈도가 높은 두 기능에 대해 알아봅니다.

1 목표값 찾기

1. 현재 생산원가의 30%로 판매했을 때 판매금액 합계가 53,640,000원인데 70,000,000원에 도달하려면 판매율을 몇 %로 해야할지 구해보기로 합니다. '판매금액.xlsx' 파일을 불러온 후 [F12] 셀을 클릭하고 [데이터] 탭의 [데이터 도구] 그룹에서 가상 분석( ) 단추를 클릭하여 [목표값 찾기]를 선택합니다.

	A	B	C	D	E	F
1						
2		○ 전자 제품별 판매 금액 ○				
3						
4		제품	단가	수량	생산원가	판매금액
5		세탁기	230,000	60	13,800,000	4,140,000
6		TV	533,000	75	39,975,000	11,992,500
7		진공청소기	95,000	55	5,225,000	1,567,500
8		에어컨	430,000	40	17,200,000	5,160,000
9		김치냉장고	500,000	70	35,000,000	10,500,000
10		냉장고	750,000	80	60,000,000	18,000,000
11		전자레인지	80,000	95	7,600,000	2,280,000
12		합계			178,800,000	53,640,000
13		판매율	30%			

2. [목표값 찾기] 대화 상자에서 수식 셀은 'F12', 찾는 값은 '70000000', 값을 바꿀 셀은 'C13'을 각각 지정한 후 [확인] 단추를 클릭합니다. 그 결과 판매금액의 합계가 70,000,000이 되기 위해서는 판매율이 39%가 되어야 하는 것을 확인할 수 있습니다.

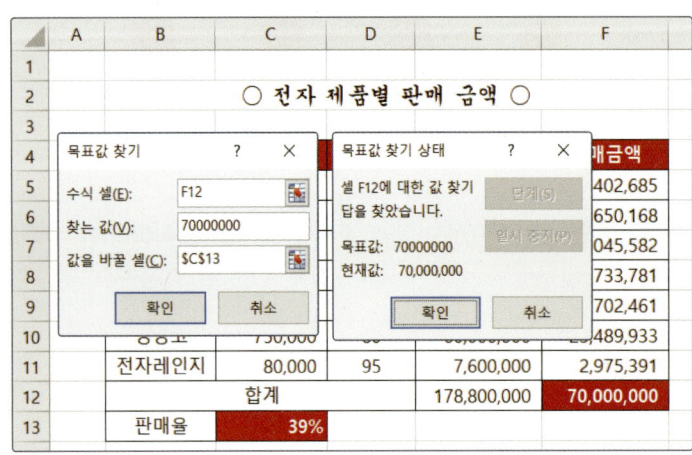

> **tip** [목표값 찾기] 대화 상자
> – 수식 셀 : 결과 값을 얻기 위한 셀 주소를 지정합니다.
> – 찾는 값 : 찾고자 하는 수식의 결과 값을 입력합니다.
> – 값을 바꿀 셀 : 변경되는 값이 들어 있는 셀 주소를 지정합니다.

2 데이터 통합

1. 지점별 판매액 합계를 구하고자 합니다. '판매현황.xlsx' 파일을 불러온 후 [B13:D16] 영역을 블록 지정하고 [데이터] 탭의 [데이터 도구] 그룹에서 통합( ) 단추를 클릭합니다.

	A	B	C	D	E	F	G	H
1								
2		\multicolumn{3}{c}{서울점 판매현황}		\multicolumn{3}{c}{부산점 판매현황}	
3								
4		제품	전반기	후반기		제품	전반기	후반기
5		정수기	25	15		냉장고	25	42
6		청소기	37	10		청소기	30	12
7		식기세척기	26	13		선풍기	13	20
8		선풍기	50	40		정수기	15	28
9		세탁기	20	35		식기세척기	35	50
10								
11		\multicolumn{3}{c}{전체 판매현황}				
12								
13		제품	전반기	후반기				
14		정수기						
15		식기세척기						
16		선풍기						

2. [통합] 대화 상자에서 함수는 '합계'를 선택한 후 참조에 커서가 위치한 상태에서 [B4:D9], [F4:H9] 영역을 차례대로 드래그하여 각각 추가하고, 사용할 레이블에서 '첫 행'과 '왼쪽 열'을 선택한 다음 [확인] 단추를 클릭합니다. 그 결과 해당 제품의 전체 합계를 확인할 수 있습니다.

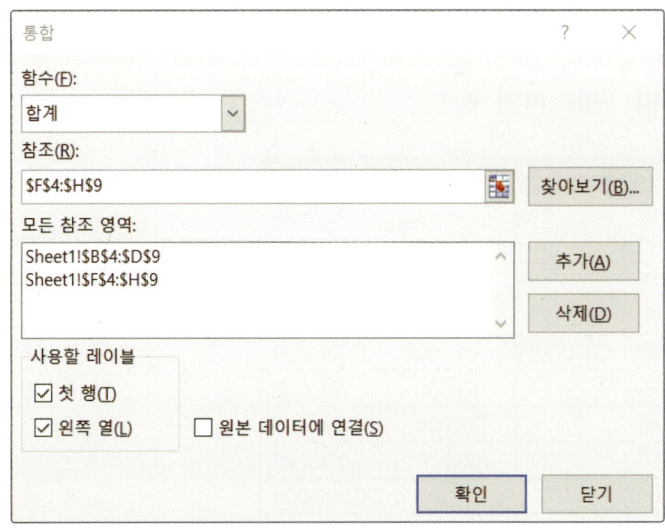

> **tip 사용할 레이블**
> – 첫 행 : 참조 영역의 첫 행을 데이터의 첫 행으로 사용합니다(열 이름).
> – 왼쪽 열 : 참조 영역의 왼쪽 열을 데이터의 첫 열로 사용합니다(행 이름).

혼자 풀어보기

① '할부금.xlsx' 파일을 불러온 후 월납입금액이 600,000원이 되려면 상환기간(월)이 몇 개월이 되어야 하는지를 목표값 찾기로 구해 보세요.

	A	B	C	D	E
1					
2		※ 자동차 할부금 현황 ※			
3					
4		HS자동차	차량금액	₩ 20,000,000	비고
5		신규 모델 조건	인도금	₩ 5,000,000	
6			할부원금	₩ 15,000,000	
7			연이율	7.5%	
8			상환기간(월)	27	
9			월납입금액	₩ 600,000	

 [목표값 찾기] 대화 상자에서 수식 셀은 'D9', 찾는 값은 '600000', 값을 바꿀 셀은 'D8'을 각각 지정합니다.

② '가구판매.xlsx' 파일을 불러온 후 판매액의 합계가 30,000,000원이 되려면 식탁의 판매량이 얼마가 되어야 하는지를 목표값 찾기로 구해 보세요.

	A	B	C	D	E	F	G
1							
2		♠ 가구별 판매 현황 ♠					
3							
4		품목코드	품목	목표대수	판매량	단가	판매액
5		WO-001	식탁	40	83	120,000	9,970,000
6		WO-002	쇼파	50	10	550,000	5,500,000
7		WO-003	책상의자	125	15	80,000	1,200,000
8		WO-004	서랍	90	23	70,000	1,610,000
9		WO-005	책상	100	35	95,000	3,325,000
10		WO-006	스탠드	75	13	55,000	715,000
11		WO-007	옷장	140	20	333,000	6,660,000
12		WO-008	책꽂이	150	17	60,000	1,020,000
13		합계					30,000,000

 [목표값 찾기] 대화 상자에서 수식 셀은 'G13', 찾는 값은 '30000000', 값을 바꿀 셀은 'E5'을 각각 지정합니다.

 '등산품목.xlsx' 파일을 불러온 후 소백산점과 지리산점의 판매 현황에 대해 판매량과 판매가의 평균을 데이터 통합으로 구해 보세요.

	A	B	C	D	E	F	G	H
1								
2		소백산점 판매 현황				지점별 판매 현황		
3		품목	판매량	판매가		품목	판매량	판매가
4		등산장갑	50	55,000		등산장갑	57.5	57,500
5		등산화	145	250,000		등산화	182.5	275,000
6		스틱	75	100,000		스틱	77.5	97,500
7		보온병	200	80,000		보온병	175	77,500
8								
9		지리산점 판매 현황						
10		품목	판매량	판매가				
11		등산장갑	65	60,000				
12		등산화	220	300,000				
13		스틱	80	95,000				
14		보온병	150	75,000				

 [통합] 대화 상자에서 함수는 '평균'을 선택하고, 모든 참조 영역에 [B3:D7], [B10:D14] 영역을 각각 추가한 후 사용할 레이블에서 '첫 행'과 '왼쪽 열'을 선택합니다.

 '약품판매.xlsx' 파일을 불러온 후 전반기와 후반기의 약품 판매 현황에 대해 수량, 단가, 판매액의 최댓값을 데이터 통합으로 구해 보세요.

	A	B	C	D	E	F	G	H	I	J
1										
2		전반기 약품 판매 현황					후반기 약품 판매 현황			
3		품목	수량	단가	판매액		품목	수량	단가	판매액
4		비타민	20	1,500	30,000		비타민	13	1,700	22,100
5		클로렐라	10	2,000	20,000		클로렐라	10	2,200	22,000
6		아미노산	15	5,000	75,000		아미노산	17	5,000	85,000
7		칼슘	25	3,000	75,000		칼슘	25	3,100	77,500
8		오메가	5	4,500	22,500		오메가	20	4,700	94,000
9		미네랄	10	2,500	25,000		미네랄	15	2,500	37,500
10										
11							전/후반기 약품 판매 현황			
12							품목	수량	단가	판매액
13							비타민	20	1,700	30,000
14							아미노산	17	5,000	85,000
15							칼슘	25	3,100	77,500
16							미네랄	15	2,500	37,500

 [통합] 대화 상자에서 함수는 '최댓값'을 선택하고, 모든 참조 영역에 [B3:E9], [G3:J9] 영역을 각각 추가한 후 사용할 레이블에서 '첫 행'과 '왼쪽 열'을 선택합니다.

SECTION 17 정렬 및 부분합 이용하기

정렬은 선택한 행이나 정보를 기준으로 데이터를 재배열(오름차순 또는 내림차순)하는 기능이고, 부분합은 데이터 열에 대한 요약 함수를 계산하는 기능입니다. 특히, 부분합을 적용하려면 정렬을 먼저 실행해야 하므로 두 가지 기능의 밀접한 관계에 대해서 알아봅니다.

1 데이터 정렬하기

1. '마트제품.xlsx' 파일을 불러온 후 [B4:H16] 영역을 블록 지정한 다음 [데이터] 탭의 [정렬 및 필터] 그룹에서 정렬() 단추를 클릭합니다.

2. [정렬] 대화 상자에서 열은 '제품', 정렬 기준은 '값', 정렬은 '오름차순'을 각각 선택하고 [확인] 단추를 클릭합니다.

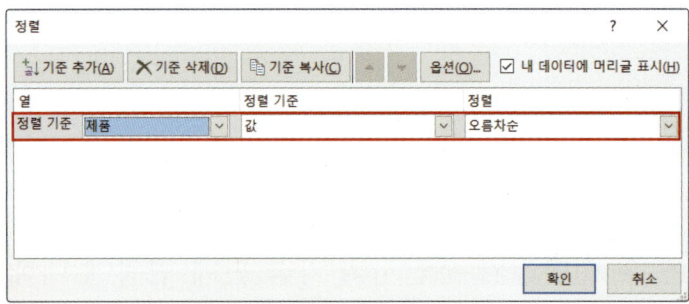

> **tip** **일반 정렬 :** 하나를 기준으로 정렬할 경우 임의의 셀에서 [데이터] 탭의 [정렬 및 필터] 그룹에 있는 텍스트 오름차순 정렬(⤓) 단추와 텍스트 내림차순 정렬(⤒) 단추를 이용해도 됩니다.

3. 그 결과 제품을 기준으로 오름차순 정렬된 것을 확인할 수 있습니다.

	A	B	C	D	E	F	G	H
1								
2			♣ 마트별 제품 판매 현황 ♣					
3								
4		제품번호	제품	판매처	매입가	수량	판매가	판매합계
5		CH-003	린스	사랑마트	5,200	130	6,300	819,000
6		CH-006	린스	약속마트	5,000	150	6,150	922,500
7		CH-009	린스	국민마트	5,100	70	6,800	476,000
8		CH-001	바디로션	국민마트	3,500	80	4,500	360,000
9		CH-005	바디로션	사랑마트	3,600	65	4,350	282,750
10		CH-011	바디로션	도시마트	3,350	200	4,450	890,000
11		CH-004	보습오일	도시마트	4,700	100	5,800	580,000
12		CH-007	보습오일	국민마트	4,500	135	5,500	742,500
13		CH-010	보습오일	약속마트	4,950	115	6,100	701,500
14		CH-002	샴푸	약속마트	5,500	120	6,500	780,000
15		CH-008	샴푸	도시마트	5,700	140	7,000	980,000
16		CH-012	샴푸	국민마트	5,850	170	6,950	1,181,500

2 부분합 적용하기

1. [데이터] 탭의 [윤곽선] 그룹에서 부분합( ) 단추를 클릭한 후 [부분합] 대화 상자에서 그룹화할 항목은 '제품', 사용할 함수는 '합계', 부분합 계산 항목은 '매입가', '수량'을 선택하고 [확인] 단추를 클릭합니다. 그러면 매입가와 수량의 합계(요약)이 계산되어 나타납니다.

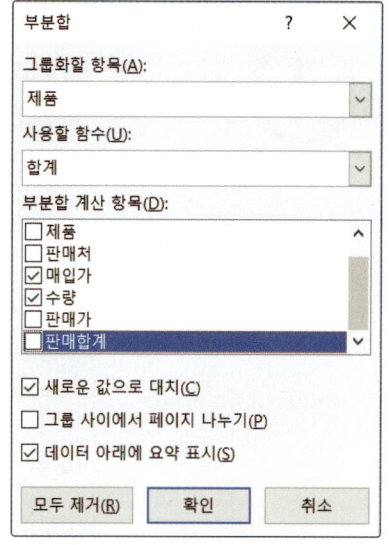

2. 이어서 부분합( ) 단추를 클릭한 후 [부분합] 대화 상자에서 그룹화할 항목은 '제품', 사용할 함수는 '최댓값', 부분합 계산 항목은 '판매가'를 선택하고, '새로운 값으로 대치' 항목을 해제한 다음 [확인] 단추를 클릭합니다.

> **tip** **새로운 값으로 대치** : 부분합을 모두 새로운 값으로 변경합니다(중첩 부분합을 작성할 경우 반드시 사용).

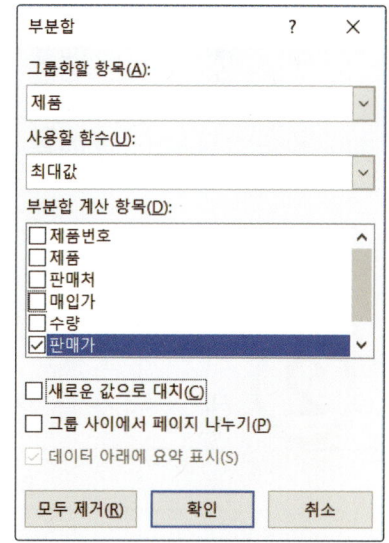

3. 그 결과 제품별 '매입가', '수량'의 합계(요약) 외에 '판매가'의 최댓값을 구하는 부분합이 추가로 표시되어 나타납니다.

혼자 풀어보기

① '컴퓨터용품.xlsx' 파일을 불러온 후 첫째 기준은 '지점'을 오름차순으로, 둘째 기준은 '금액'을 내림차순으로 정렬해 보세요.

	A	B	C	D	E	F	G	H
1								
2		§ 지점별 컴퓨터 용품 판매 현황 §						
3								
4		구입일자	지점	지점장	품목	수량	단가	금액
5		03월 10일	서울	신달밤	하드디스크	100	70,000	7,000,000
6		08월 18일	서울	이별빛	모니터	7	200,000	1,400,000
7		02월 15일	수원	김우주	RAM	20	25,000	500,000
8		06월 22일	수원	장나무	마우스	35	10,000	350,000
9		09월 29일	오산	한태양	USB	40	55,000	2,200,000
10		04월 11일	오산	오하늘	프린터	10	150,000	1,500,000
11		07월 30일	인천	엄공기	그래픽카드	50	85,000	4,250,000
12		05월 20일	인천	천지구	키보드	25	17,000	425,000

② '대학지원.xlsx' 파일을 불러온 후 첫째 기준은 '계열'을 내림차순으로, 둘째 기준은 '지원자'를 오름차순으로 정렬해 보세요.

	A	B	C	D	E	F	G	H
1								
2		◎ 대학별 지원자와 학점 현황 ◎						
3								
4		전과코드	단과대학	계열	지원자	동일계열 가능인원	증감	지원자 평균학점
5		DSFC09	생명과학대학	자연	19	7	12	4.45
6		DSFC08	공학대학	자연	22	40	-18	4.22
7		DSFC06	첨단과학대학	자연	30	18	12	4.39
8		DSFC07	정보대학	자연	45	35	10	3.78
9		DSFC03	법정대학	인문	15	5	10	4.41
10		DSFC05	경상대학	인문	17	23	-6	4.12
11		DSFC01	인문과학대학	인문	35	20	15	4.34
12		DSFC02	문과대학	인문	40	24	16	4.01
13		DSFC04	정경대학	인문	50	42	8	3.95

'대리점.xlsx' 파일을 불러온 후 대리점별로 '판매단가', '수량'의 합계를 계산하고 '판매금액'의 평균을 구하는 부분합을 작성해 보세요(단, 대리점에 대한 정렬 기준은 내림차순).

	A	B	C	D	E	F	G	H
1								
2		★ 대리점별 상품 판매 현황 ★						
3								
4		대리점	상품코드	상품명	판매단가	수량	판매금액	구성비
5		서울점	MS-01	노트북	640,000	10	₩ 6,400,000	14%
6		서울점	MS-05	PDA	450,000	11	₩ 4,950,000	11%
7		서울점 평균					₩ 5,675,000	
8		서울점 요약			1,090,000	21		
9		산본점	MS-08	노트북	640,000	20	₩ 12,800,000	28%
10		산본점	MS-10	PDA	450,000	8	₩ 3,600,000	8%
11		산본점 평균					₩ 8,200,000	
12		산본점 요약			1,090,000	28		
13		부평점	MS-03	PDA	450,000	5	₩ 2,250,000	5%
14		부평점	MS-07	스마트폰	530,000	9	₩ 4,770,000	11%
15		부평점 평균					₩ 3,510,000	
16		부평점 요약			980,000	14		
17		구리점	MS-02	아이패드	524,000	18	₩ 3,500,000	12%
18		구리점	MS-06	아이패드	650,000	15	₩ 4,000,000	10%
19		구리점 평균					₩ 3,750,000	
20		구리점 요약			1,174,000	33		
21		전체 평균					₩ 5,283,750	
22		총합계			4,334,000	96		

 [부분합] 대화 상자에서 그룹화할 항목은 '대리점', 사용할 함수는 '합계', 부분합 계산 항목은 '판매단가', '수량'을 선택합니다. 다시 [부분합] 대화 상자에서 그룹화할 항목은 '대리점', 사용할 함수는 '평균', 부분합 계산 항목은 '판매금액'을 선택하고, '새로운 값으로 대치' 항목을 해제합니다.

'분류별주식.xlsx' 파일을 불러온 후 분류별로 '시가', '고가', '종가'의 평균을 계산하고, '전일비', '거래량'의 최댓값을 구하는 부분합을 작성해 보세요(단, 분류에 대한 정렬 기준은 오름차순).

	A	B	C	D	E	F	G	H
1								
2		◆ 분류별 주식 시세 현황 ◆						
3								
4		분류	종목	시가	고가	종가	전일비	거래량
5		반도체	한국반도체	3,390	3,425	3,200	-160	68,795
6		반도체	세계반도체	2,810	2,830	2,760	-40	2,795
7		반도체 최대값					-40	68,795
8		반도체 평균		3,100	3,128	2,980		
9		선박	최고선박	6,690	6,690	6,430	-20	1,524
10		선박	일류선박	14,900	15,600	14,500	-400	271,106
11		선박 최대값					-20	271,106
12		선박 평균		10,795	11,145	10,465		
13		전자	SUN전자	42,300	42,650	41,500	-550	127,947
14		전자	BEST전자	21,500	32,500	28,500	-5,750	1,234,560
15		전자 최대값					-550	1,234,560
16		전자 평균		31,900	37,575	35,000		
17		증권	대박증권	4,400	4,480	4,215	-210	154,320
18		증권	수익증권	715	720	675	-35	180,232
19		증권 최대값					-35	180,232
20		증권 평균		2557.5	2600	2445		
21		전체 최대값					-20	1,234,560
22		전체 평균		12088.13	13611.88	12722.5		

[부분합] 대화 상자에서 그룹화할 항목은 '분류', 사용할 함수는 '평균', 부분합 계산 항목은 '시가', '고가', '종가'를 선택합니다. 다시 [부분합] 대화 상자에서 그룹화할 항목은 '분류', 사용할 함수는 '최댓값', 부분합 계산 항목은 '전일비', '거래량'을 선택하고 '새로운 값으로 대치' 항목을 해제합니다.

SECTION 18 자동 필터 기능 이용하기

E·X·C·E·L·2·0·1·6

자동 필터는 목록에서 사용자가 지정한 조건에 맞는 레코드만을 추출하는 기능으로 단순 데이터를 필터링할 때 많이 사용합니다. 여기에서는 일반적인 검색 기준과 함께 사용자 지정 자동 필터의 사용 방법에 대해서 알아봅니다.

1 단순 자동 필터

1. '업무평가.xlsx' 파일을 불러온 후 임의의 셀 안에서 [데이터] 탭의 [정렬 및 필터] 그룹에 있는 필터( ) 단추를 클릭합니다. 직책의 목록(▼) 단추를 클릭한 후 필터 목록에서 '과장' 항목을 해제하고 [확인] 단추를 클릭하면 대리, 사원에 대한 데이터만 표시됩니다.

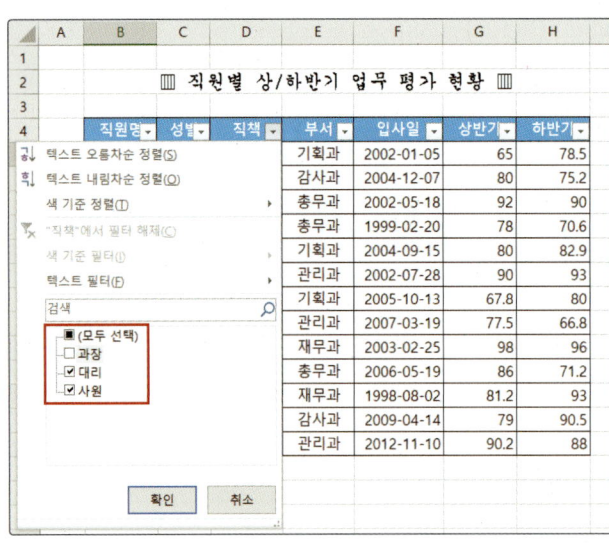

> **tip** 필터링 : 데이터가 필터링 되면 해당 데이터만 표시되고, 나머지는 일시적으로 숨겨집니다.

2. 계속해서 성별의 목록(▼) 단추를 클릭한 후 필터 목록에서 '남' 항목을 해제하고 [확인] 단추를 클릭하면 여자에 대한 데이터만 표시됩니다.

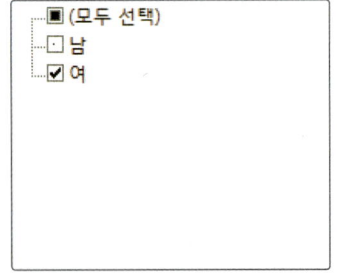

	A	B	C	D	E	F	G	H
1								
2		직원별 상/하반기 업무 평가 현황						
3								
4		직원명	성별	직책	부서	입사일	상반기	하반기
7		이나이	여	대리	총무과	2002-05-18	92	90
10		정들어	여	대리	관리과	2002-07-28	90	93
11		양미리	여	사원	기획과	2005-10-13	67.8	80
13		홍당무	여	대리	재무과	2003-02-25	98	96
16		간곡히	여	대리	감사과	2009-04-14	79	90.5

> **tip** 필터 해제 : 목록 전체에 적용된 필터 결과를 해제하려면 [데이터] 탭의 [정렬 및 필터] 그룹에서 지우기(지우기) 단추를 클릭합니다.

2 사용자 지정 자동 필터

1. 필터를 해제한 후 상반기의 목록(▼) 단추를 클릭하여 [숫자 필터]-[사용자 지정 필터]를 선택합니다. [사용자 지정 자동 필터] 대화 상자에서 찾을 조건으로 '>=', '70', '그리고', '<=', '95'를 각각 지정하고 [확인] 단추를 클릭합니다.

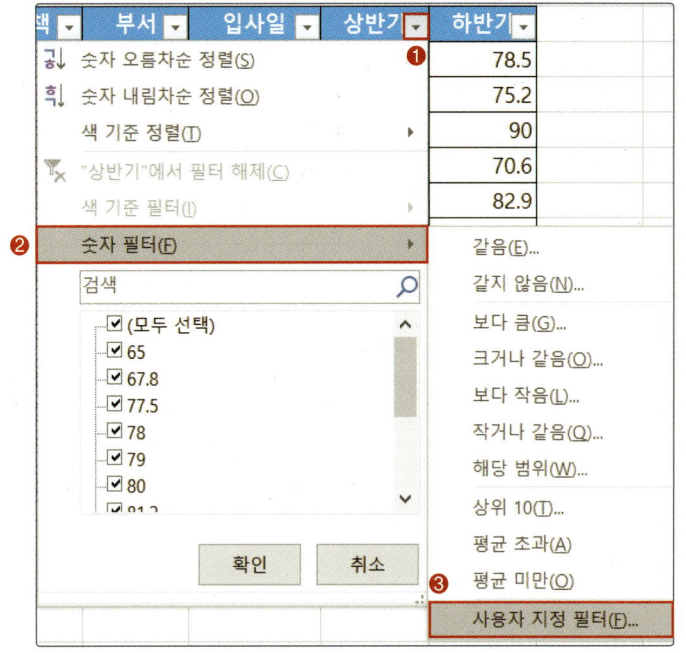
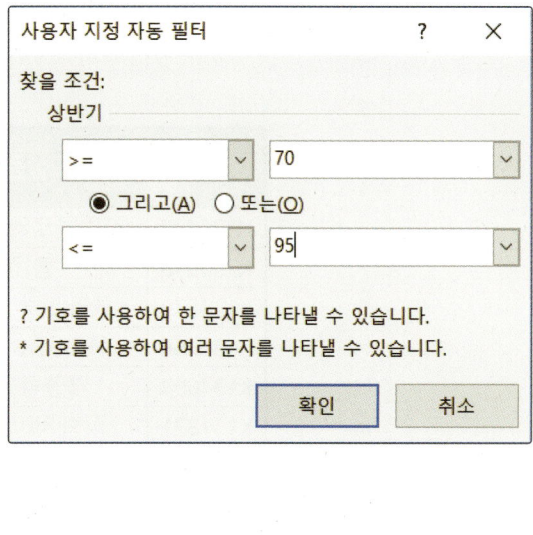

> **tip 조건** : '그리고'는 입력한 조건을 모두 만족하는 데이터를 필터링하고, '또는'은 입력한 조건 중 하나라도 만족하는 데이터를 필터링합니다.

2. 그 결과 상반기의 점수 중 70점 이상이면서 95점 이하인 데이터만이 필터링되어 표시됩니다.

	A	B	C	D	E	F	G	H
1								
2		직원별 상/하반기 업무 평가 현황						
3								
4		직원명	성별	직책	부서	입사일	상반기	하반기
6		허지마	남	사원	감사과	2004-12-07	80	75.2
7		이나이	여	대리	총무과	2002-05-18	92	90
8		황송해	남	과장	총무과	1999-02-20	78	70.6
9		마사회	남	과장	기획과	2004-09-15	80	82.9
10		정들어	여	대리	관리과	2002-07-28	90	93
12		신기록	남	사원	관리과	2007-03-19	77.5	66.8
14		백만원	남	사원	총무과	2006-05-19	86	71.2
15		국간장	남	과장	재무과	1998-08-02	81.2	93
16		간곡히	여	대리	감사과	2009-04-14	79	90.5
17		사주마	남	사원	관리과	2012-11-10	90.2	88

혼자 풀어보기

1 '방송상품.xlsx' 파일을 불러온 후 결과가 '매진'인 상품명만 필터링해 보세요.

	A	B	C	D	E	F	G	H
1								
2		☆ 방송 상품 판매 연황 ☆						
3								
4		상품코드	상품명	분류	최종방송일	판매가 (단위:원)	총판매량 (단위:EA)	결과
5		H136432	사이클로맥스 청소기	가전	2016-08-24	₩ 169,000	3,890	매진
7		K200998	홈 장갑	주방	2016-08-18	₩ 32,000		매진
9		K138579	클라스락 밀폐용기	주방	2016-08-26	₩ 82,900	8,950	매진
11		H136456	FULL HD LCD-40	가전	2016-08-23	₩ 1,005,500	970	매진
12		K134694	락앤락 멀티락	주방	2016-08-31	₩ 79,800	10,400	매진
14		K131821	직화 바비큐 오븐	주방	2016-08-29	₩ 54,600	12,000	매진
15		U134994	설윤형 부띠크	패션	2016-08-28	₩ 189,000	3,160	매진

2 '공업사.xlsx' 파일을 불러온 후 구분에서 '승용차'와 'SUV' 차량 중 작업시간이 '1시간~3시간'인 차량번호를 필터링해 보세요.

	A	B	C	D	E	F	G	H	I
1									
2		⊙ NEW공업사 차량 정비 현황 ⊙							
3									
4		정비일	차량번호	구분	입차	출차	정비요금 (단위:원)	정비사	작업시간
5		2020-01-25	20가 7838	승용차	9:30	12:00	₩ 125,000	윤병헌	2시간
6		2020-02-14	45라 9017	승용차	14:25	16:20	₩ 45,000	김신양	1시간
8		2020-04-30	11보 2468	SUV	16:40	19:05	₩ 75,000	예승범	1시간
10		2020-06-27	91마 0864	승용차	20:00	23:00	₩ 65,000	윤병헌	2시간
11		2020-07-13	55나 2500	SUV	15:15	17:25	₩ 90,000	차동원	1시간
12		2020-08-22	64다 6711	승용차	11:30	14:20	₩ 150,000	예승범	3시간
15		2020-11-25	10주 7765	승용차	12:05	15:15	₩ 371,500	윤병헌	3시간
16		2020-12-30	23조 0077	SUV	10:45	20:50	₩ 410,000	예승범	3시간

 '생활용품.xlsx' 파일을 불러온 후 품명이 '의류'와 '신발'이고 총매출액이 '7,000,000' 이상인 데이터를 필터링해 보세요.

	A	B	C	D	E	F	G	H
1								
2		\& 지역별 생활용품 판매 현황 \&						
3								
4		지역코드	지역	담당자	품명	수량	판매가	총매출액
5		YT-001	양천구	최기본	의류	250	₩ 29,000	₩ 7,250,000
6		YT-002	서초구	나보기	신발	125	₩ 78,000	₩ 9,750,000
9		YT-005	영등포구	윤삽입	의류	164	₩ 58,400	₩ 9,577,600
12		YT-008	마포구	유형식	의류	195	₩ 150,000	₩ 29,250,000
15		YT-011	구로구	염문서	신발	220	₩ 44,000	₩ 9,680,000
16		YT-012	금천구	조건부	의류	95	₩ 91,200	₩ 8,664,000
17		YT-013	중량구	왕정렬	의류	100	₩ 81,000	₩ 8,100,000
19		YT-015	서대문구	예파일	의류	270	₩ 70,100	₩ 18,927,000
20		YT-016	용산구	성연결	의류	190	₩ 66,000	₩ 12,540,000

 [사용자 지정 자동 필터] 대화 상자의 찾을 조건에서 '>=', '7000000'을 지정합니다.

 '분기별영업.xlsx' 파일을 불러온 후 3사분기가 '200' 이상이고, '800' 이하인 데이터를 필터링해 보세요.

	A	B	C	D	E	F	G	H	I
1									
2				# 분기별 영업 실적 현황 #					
3									
4		성명	성별	부서명	1사분기	2사분기	3사분기	4사분기	합계
5		최재필	남	영업1팀	740	450	770	390	2,350
6		이영범	남	영업2팀	850	650	440	280	2,220
7		전미경	여	판매1팀	320	580	460	810	2,170
8		정은주	여	판매3팀	960	320	550	170	2,000
9		홍명호	남	영업3팀	410	120	620	990	2,140
10		박소연	여	판매2팀	520	780	510	880	2,690
11		양변액	남	판매1팀	630	980	490	660	2,760
12		표진희	여	영업1팀	340	660	470	270	1,740
13		김용출	남	영업3팀	710	780	550	995	3,035
14		채재은	여	판매2팀	820	450	715	645	2,630
17		서창호	남	판매1팀	535	650	770	935	2,890

 [사용자 지정 자동 필터] 대화 상자의 찾을 조건에서 '>=', '200', '그리고', '<=', '800'을 각각 지정합니다.

SECTION 19 고급 필터 기능 이용하기

고급 필터는 복잡한 조건이나 여러 조건을 만족하는 레코드를 추출할 때 사용하는 기능으로 필터 결과를 다른 위치에 표시할 수 있습니다. 고급 필터는 실행 전에 해당 조건을 직접 입력해야 하는 점이 자동 필터와 크게 다릅니다. 여기에서는 고급 필터의 조건 입력 규칙과 적용 방법에 대해서 알아봅니다.

1 고급 필터 적용하기

1. '신입사원.xlsx' 파일을 불러온 후 [B18:C19] 영역에 주어진 조건(전공이 '통계학과'이면서 총점이 '250' 이상만 필터링하기)을 입력합니다.

	A	B	C	D	E	F	G	H	I
1									
2					전공별 신입 사원 성적				
3									
4		응시번호	성명	성별	전공	필기점수	실기점수	면접점수	총점
5		VV-101	반석원	남	경영학과	86	75	82	243
6		EM-201	이정온	여	통계학과	97	89	93	279
7		RR-301	김윤형	남	무역학과	69	77	87	233
8		MB-102	안일배	여	경영학과	73	64	82	219
9		OT-222	배만수	남	통계학과	90	88	93	271
10		QT-302	조남형	남	무역학과	82	91	85	258
11		CC-103	서경진	여	경영학과	75	86	77	238
12		AB-202	장동일	남	통계학과	93	85	88	266
13		PO-303	최수경	여	무역학과	84	74	90	248
14		ZA-203	마경남	여	통계학과	77	76	68	221
15		WP-111	황성철	남	무역학과	90	85	95	270
16		BP-322	우승도	남	통계학과	95	100	90	285
17									
18		전공	총점						
19		통계학과	>=250						

> **tip 고급 필터 조건**
> - 열 제목을 입력한 후 필터링할 조건을 열 제목 아래에 입력합니다.
> - 필터링 조건을 같은 행에 입력하면 입력한 조건에 모두 만족(AND 조건)하는 데이터가 필터링되고, 조건을 서로 다른 행에 입력하면 입력한 조건 중 하나라도 만족(OR 조건)하는 데이터가 필터링 됩니다.

2. 임의의 셀 안에서 [데이터] 탭의 [정렬 및 필터] 그룹에 있는 고급( ) 단추를 클릭합니다.

3. [고급 필터] 대화 상자에서 결과는 '다른 장소에 복사'를 선택한 후 목록 범위([B4:I16]), 조건 범위([B18:C19]), 복사 위치([B21])를 각각 마우스로 드래그하거나 클릭하여 지정하고 [확인] 단추를 클릭합니다.

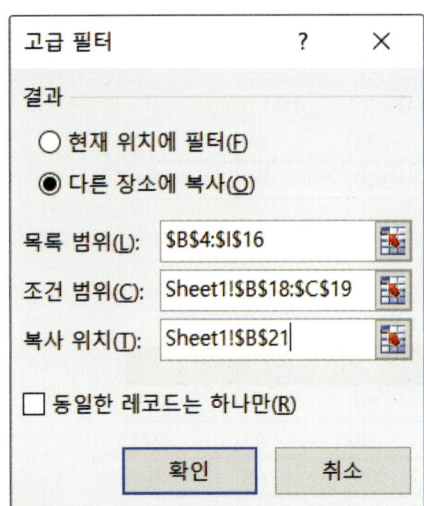

> **tip** [고급 필터] 대화 상자
> – 현재 위치에 필터 : 필터링한 결과를 현재 작업 중인 워크시트에 표시합니다.
> – 다른 장소에 복사 : 필터링한 결과를 사용자가 지정한 위치에 표시합니다.
> – 목록 범위 : 필터링할 데이터의 전체 범위를 지정합니다.
> – 조건 범위 : 찾을 조건이 있는 셀 범위를 지정합니다.
> – 복사 위치 : 필터링 결과가 표시될 셀을 지정합니다.
> – 동일한 레코드는 하나만 : 조건을 만족하는 행에서 중복되는 행은 제외합니다.

4. 그 결과 조건 범위에 해당하는 데이터만이 복사 위치([B21])에 필터링 됩니다.

	A	B	C	D	E	F	G	H	I
20									
21		응시번호	성명	성별	전공	필기점수	실기점수	면접점수	총점
22		EM-201	이정온	여	통계학과	97	89	93	279
23		OT-222	배만수	남	통계학과	90	88	93	271
24		AB-202	장동일	남	통계학과	93	85	88	266
25		BP-322	우승도	남	통계학과	95	100	90	285

2 원하는 열 제목만 필터링하기

1. [B27:F27] 영역에 열 제목과 동일한 서식의 해당 목록을 작성합니다. 즉, 필기, 실기, 면접 점수 열 제목은 제외하고 총점만 필터링하기로 합니다.

	A	B	C	D	E	F	G	H	I
15		WP-111	황성철	남	무역학과	90	85	95	270
16		BP-322	우승도	남	통계학과	95	100	90	285
17									
18		전공	총점						
19		통계학과	>=250						
20									
21		응시번호	성명	성별	전공	필기점수	실기점수	면접점수	총점
22		EM-201	이정온	여	통계학과	97	89	93	279
23		OT-222	배만수	남	통계학과	90	88	93	271
24		AB-202	장동일	남	통계학과	93	85	88	266
25		BP-322	우승도	남	통계학과	95	100	90	285
26									
27		응시번호	성명	성별	전공	총점			

> **tip** **열 제목 표시하기 :** 복사 위치에서 열 제목과 동일한 서식의 목록을 작성할 경우 제목 행([B4:I4])에서 해당 열 제목을 복사하여 붙여넣기 하면 됩니다. 즉, [B4:E4] 영역과 [I4] 셀을 각각 복사하여 [B27] 셀에 붙여넣기 합니다.

2. 전체 데이터의 범위 지정을 위해 임의의 셀 안에서 [데이터] 탭의 [정렬 및 필터] 그룹에 있는 고급(▼고급) 단추를 클릭합니다.

	A	B	C	D	E	F	G	H	I
1									
2				전공별 신입 사원 성적					
3									
4		응시번호	성명	성별	전공	필기점수	실기점수	면접점수	총점
5		VV-101	반석원	남	경영학과	86	75	82	243
6		EM-201	이정온	여	통계학과	97	89	93	279
7		RR-301	김윤형	남	무역학과	69	77	87	233
8		MB-102	안일배	여	경영학과	73	64	82	219
9		OT-222	배만수	남	통계학과	90	88	93	271
10		QT-302	조남형	남	무역학과	82	91	85	258
11		CC-103	서경진	여	경영학과	75	86	77	238
12		AB-202	장동일	남	통계학과	93	85	88	266
13		PO-303	최수경	여	무역학과	84	74	90	248
14		ZA-203	마경남	여	통계학과	77	76	68	221
15		WP-111	황성철	남	무역학과	90	85	95	270
16		BP-322	우승도	남	통계학과	95	100	90	285

> **tip** **셀 위치 표시하기 :** 임의의 셀 안에 셀 포인터를 위치시키거나 [B4:I16] 영역을 블록 지정하고 해당 명령을 실행합니다. 이는 [고급 필터] 대화 상자에서 목록 범위를 미리 지정할 수 있기 때문입니다.

3. [고급 필터] 대화 상자에서 결과는 '다른 장소에 복사'를 선택한 후 목록 범위([B4:I16]), 조건 범위([B18:C19]), 복사 위치([B27:F27])가 제대로 표시되었는지 확인하고 [확인] 단추를 클릭합니다.

4. 그 결과 조건에 맞는 원하는 열 제목만 필터링된 것을 확인할 수 있습니다.

> **tip 필터 조건** : 다음과 같이 조건이 같은 행이 아닌 다른 행에 입력된 경우는 전공이 '통계학과'이거나 총점이 '250' 이상인 데이터가 필터링 됩니다. 즉, 둘 중 하나의 조건만 만족해도 검색이 됩니다.
>
> | 전공 | 총점 |
> |---|---|
> | 통계학과 | |
> | | >=250 |

혼자 풀어보기

① '자동차.xlsx' 파일을 불러온 후 부서명이 '영업1팀'이거나 판매대수가 '45' 이상인 데이터를 고급 필터를 이용하여 검색해 보세요.

	A	B	C	D	E	F	G	H
16								
17		부서명	판매대수					
18		영업1팀						
19			>=45					
20								
21		사원번호	사원명	부서명	소형차	중형차	대형차	판매대수
22		C-003	김청솔	영업1팀	25	15	5	45
23		C-004	유일산	영업1팀	10	28	3	41
24		C-005	나이주	영업3팀	38	45	6	89
25		C-006	홍서울	영업2팀	15	27	8	50
26		C-007	박나이	영업2팀	42	50	7	99
27		C-009	곽산하	영업2팀	9	55	7	71
28		C-012	감나라	영업1팀	17	16	10	43
29		C-013	주기적	영업1팀	20	19	13	52

 [고급 필터] 대화 상자에서 결과는 '다른 장소에 복사'를 선택한 후 목록 범위([B4:H15]), 조건 범위([B17:C19]), 복사 위치([B21])를 각각 지정합니다.

② '인터넷통신.xlsx' 파일을 불러온 후 가입회사가 'LGQ'이고, 사용료가 '10000' 이상인 데이터를 고급 필터를 이용하여 검색해 보세요.

	A	B	C	D	E	F	G	H
20								
21		가입회사	사용료					
22		LGQ	>=10000					
23								
24		고객코드	고객명	가입회사	가입년월일	교환횟수	사용시간	사용료
25		NET-001	임병헌	LGQ	2014-03-04	15	770	11,550
26		NET-003	남지현	LGQ	2016-04-30	11	960	10,560
27		NET-006	윤가인	LGQ	2017-07-27	27	500	13,500
28		NET-009	왕혜교	LGQ	2011-08-16	22	620	13,640
29		NET-011	김태현	LGQ	2015-12-20	18	930	16,740
30		NET-012	정보검	LGQ	2016-02-15	20	710	14,200
31		NET-014	홍신혜	LGQ	2015-10-30	25	780	19,500

 [고급 필터] 대화 상자에서 결과는 '다른 장소에 복사'를 선택한 후 목록 범위([B4:H19]), 조건 범위([B21:C22]), 복사 위치([B24])를 각각 지정합니다.

③ '스마트폰.xlsx' 파일을 불러온 후 액정크기(인치)가 '3' 이상이고, 가격(원)이 '1000000' 이하인 데이터를 고급 필터를 이용하여 검색해 보세요(단, 열 제목 중 모델명과 수량을 제외).

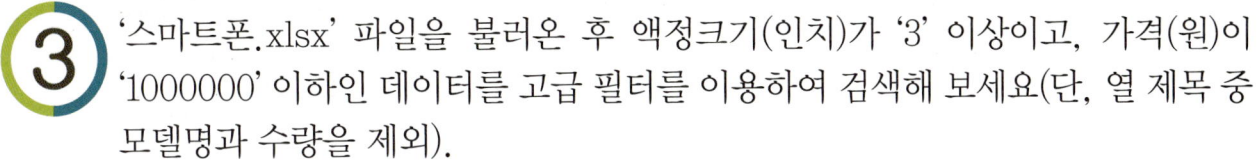

 [고급 필터] 대화 상자에서 결과는 '다른 장소에 복사'를 선택한 후 목록 범위([B4:I16]), 조건 범위([B18:C19]), 복사 위치([B21:G21])를 각각 지정합니다.

④ '통신사.xlsx' 파일을 불러온 후 지역이 '경기'이거나 회선수가 '400' 이상인 데이터를 고급 필터를 이용하여 검색해 보세요(단, 열 제목 중 가입일을 제외).

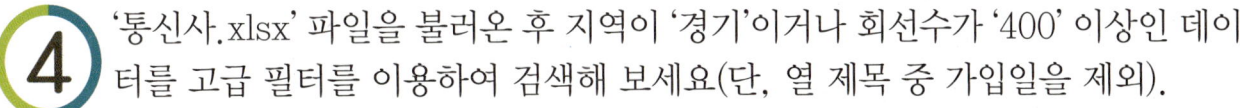

 [고급 필터] 대화 상자에서 결과는 '다른 장소에 복사'를 선택한 후 목록 범위([B4:I20]), 조건 범위([B22:C24]), 복사 위치([B26:H26])를 각각 지정합니다.

SECTION 20. 피벗 테이블 보고서 만들기

EXCEL 2016

피벗 테이블은 원본 데이터의 행이나 열 위치를 사용자 임의로 변경하여 데이터를 표시할 수 있는 기능으로 많은 양의 데이터를 손쉽게 요약할 수 있습니다. 특히, 각 필드에 다양한 조건을 지정할 수 있으며, 일정한 그룹별로 데이터 집계가 가능합니다. 여기에서는 피벗 테이블의 작성 요령과 다양한 편집 방법에 대해 알아봅니다.

1 피벗 테이블 보고서 작성하기

1. '실급여.xlsx' 파일을 불러온 후 임의의 셀 안에서 [삽입] 탭의 [표] 그룹에 있는 피벗 테이블() 단추를 클릭합니다.

	A	B	C	D	E	F	G	H
1								
2				□ 사원별 실급여 현황 □				
3								
4		사원번호	사원명	부서명	직위	기본급	상여금	실수령액
5		P-001	피소영	영업부	사원	950,000	380,000	1,330,000
6		P-002	진태균	영업부	부장	2,850,000	1,140,000	3,990,000
7		P-003	남승엽	인사부	과장	2,150,000	860,000	3,010,000
8		P-004	오연아	관리부	대리	1,700,000	680,000	2,380,000
9		P-005	김진만	관리부	사원	970,000	388,000	1,358,000
10		P-006	성희애	기획부	과장	2,300,000	920,000	3,220,000
11		P-007	곽승환	인사부	대리	1,900,000	760,000	2,660,000
12		P-008	염대호	기획부	부장	3,150,000	1,260,000	4,410,000
13		P-009	마소이	기획부	대리	2,000,000	800,000	2,800,000
14		P-010	한만수	인사부	사원	850,000	340,000	1,190,000
15		P-011	박윤아	영업부	과장	1,950,000	780,000	2,730,000
16		P-012	이갑용	관리부	대리	1,750,000	700,000	2,450,000

2. [피벗 테이블 만들기] 대화 상자에서 표/범위는 [B4:H16] 영역을 확인하고 '기존 워크시트'를 선택한 다음 '위치'는 [B19] 셀을 클릭한 후 [확인] 단추를 클릭합니다.

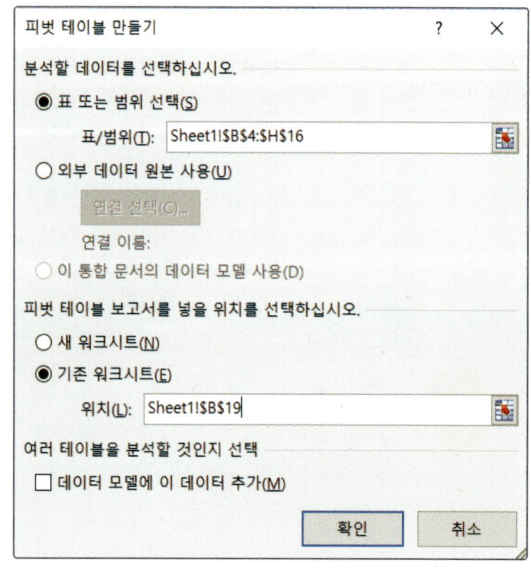

3. 현재 시트의 [B19] 셀부터 다음과 같이 빈 레이아웃의 피벗 테이블 보고서가 만들어지고 오른쪽에는 피벗 테이블 필드 목록이 표시됩니다.

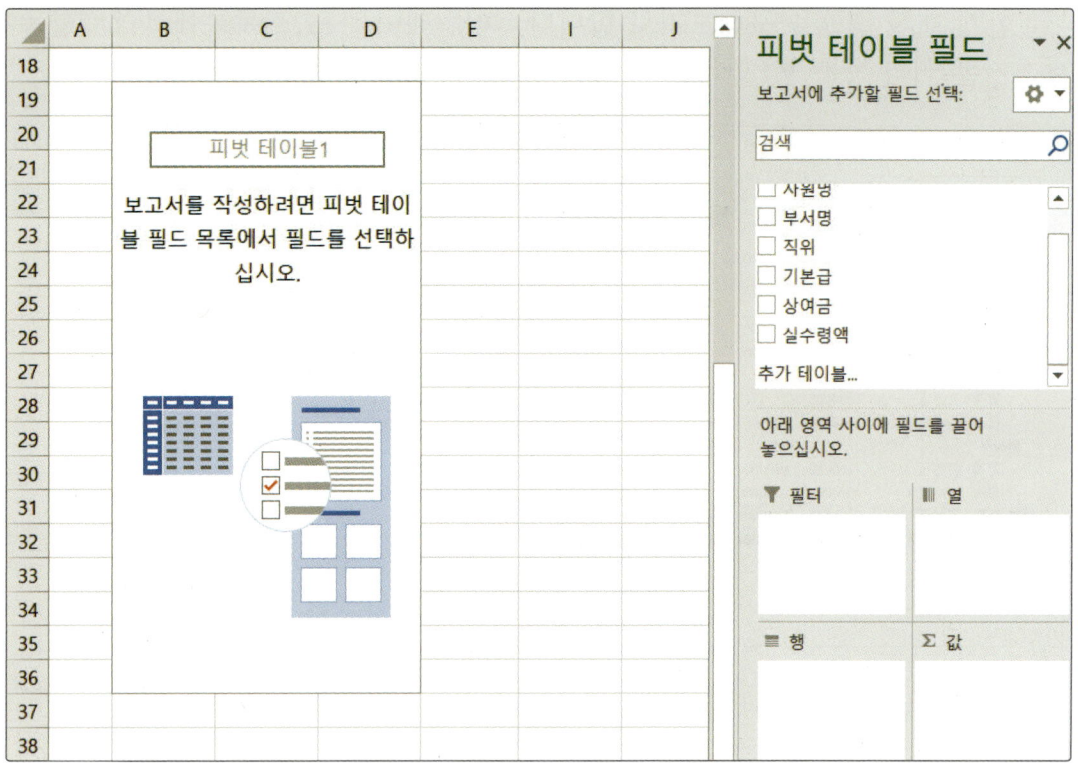

4. 피벗 테이블 필드 목록에서 '직위'는 열 레이블로, '부서명'은 행 레이블로, '기본급', '실수령액'은 값으로 각각 드래그하여 배치한 후 열 레이블의 'Σ 값'을 행 레이블로 다시 드래그합니다.

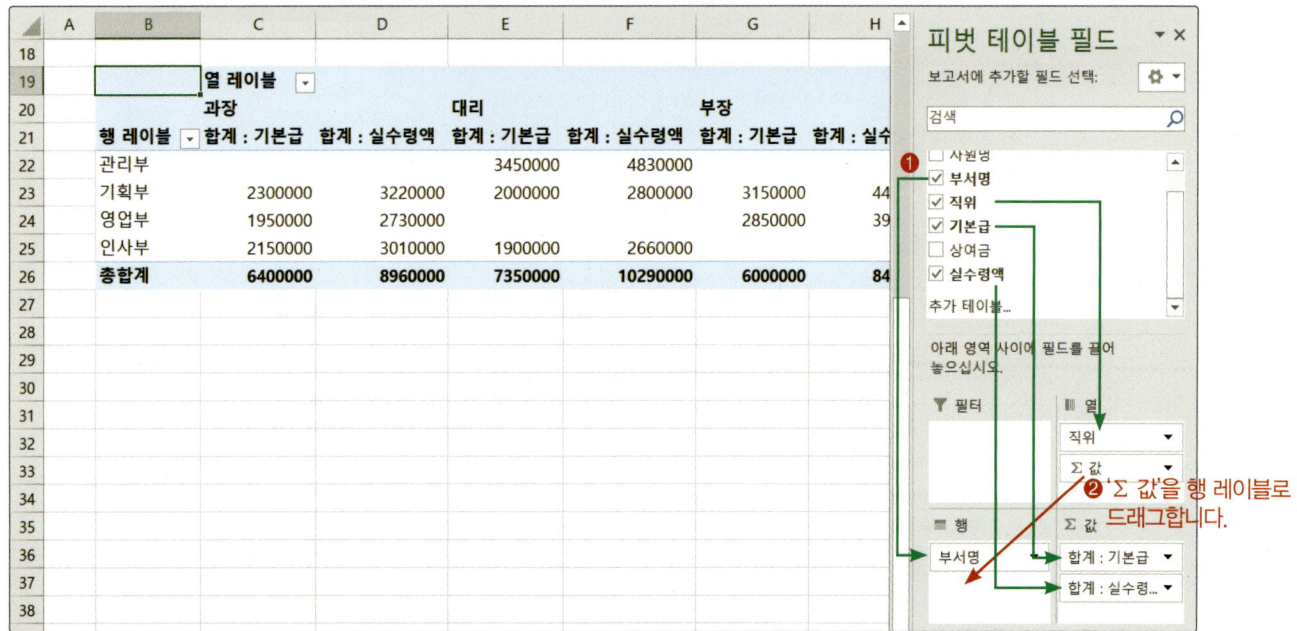

> **tip** **피벗 테이블 레이아웃**
> – 피벗 테이블 필드 목록에서 해당 필드를 각각의 영역으로 드래그하면 레이아웃 구성이 이루어집니다.
> – 피벗 테이블의 보고서 필터, 행 레이블, 열 레이블, 값을 추가 또는 삭제할 수 있습니다.

2 피벗 테이블 편집하기

1. 기본급 합계 대신 평균을 구해보기로 합니다. 피벗 테이블 필드 목록에서 '값' 항목에 있는 [합계 : 기본급]의 목록(▼) 단추를 클릭하여 [값 필드 설정]을 선택합니다.

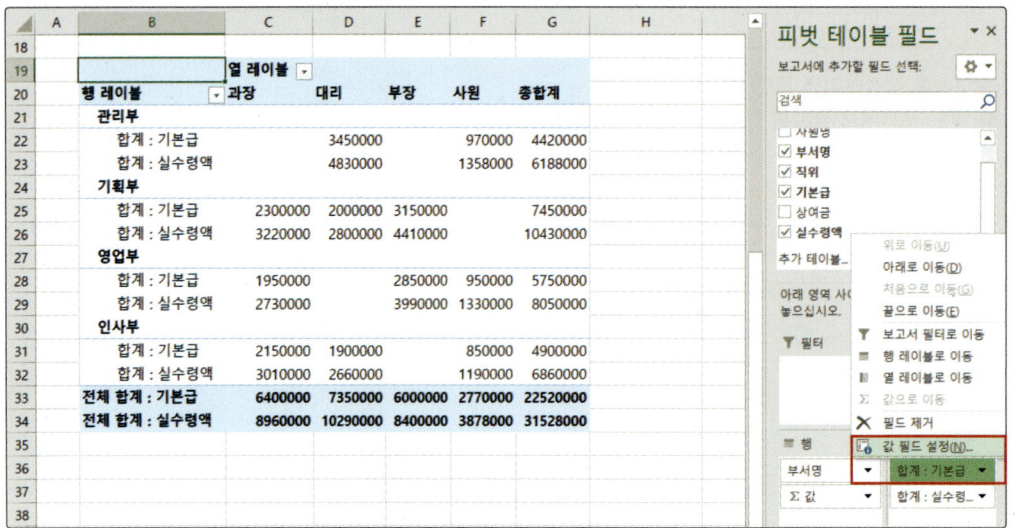

2. [값 필드 설정] 대화 상자의 [값 요약 기준] 탭에서 '평균'을 선택하고 [확인] 단추를 클릭합니다.

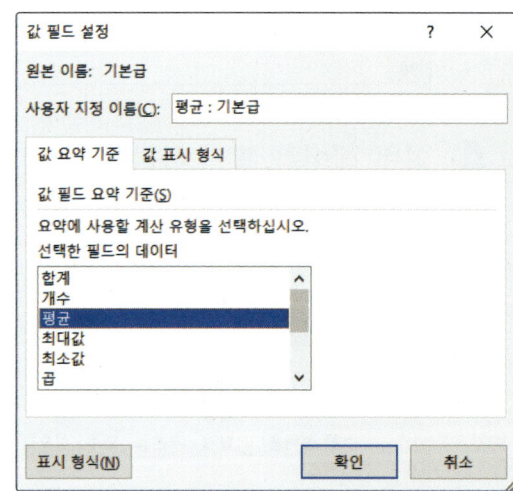

> **tip** 피벗 테이블 사용 함수 : 피벗 테이블에서 사용할 수 있는 함수로는 합계, 개수, 평균, 최댓값, 최솟값, 곱, 수치 개수, 표본 표준 편차, 표준 편차, 표본 분산, 분산 등이 있습니다.

3. 피벗 테이블에서 기본급의 평균이 구해지면 [피벗 테이블 도구]-[분석] 탭의 [피벗 테이블] 그룹에서 옵션(옵션) 단추를 클릭합니다.

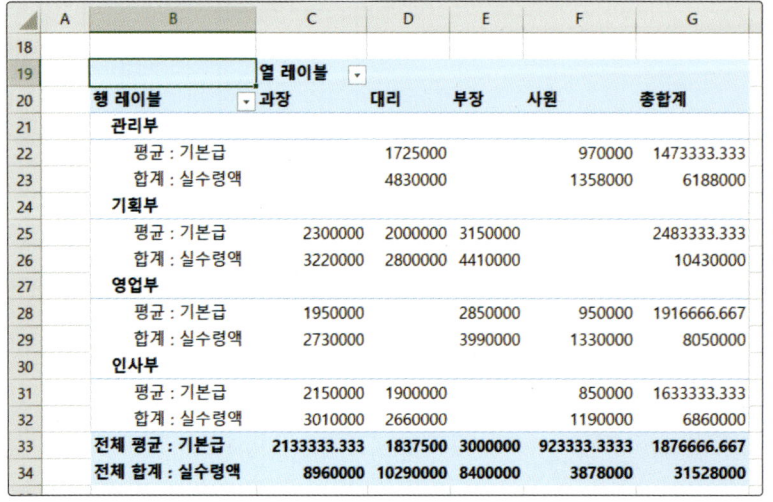

> **tip** 피벗 테이블 변경 : 원본 데이터가 변경되면 [피벗 테이블 도구]-[분석] 탭의 [데이터] 그룹에서 새로 고침( ) 단추를 이용하여 피벗 테이블 데이터도 변경할 수 있습니다.

4. [피벗 테이블 옵션] 대화 상자의 [요약 및 필터] 탭에서 총합계에 있는 '행 총합계 표시'의 체크를 해제합니다.

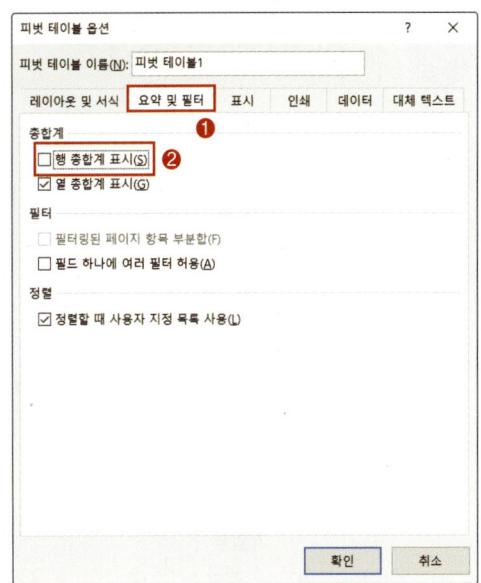

5. 계속해서 [레이아웃 및 서식] 탭에서 빈 셀 표시 입력란에 "*****" 기호를 입력하고 [확인] 단추를 클릭합니다.

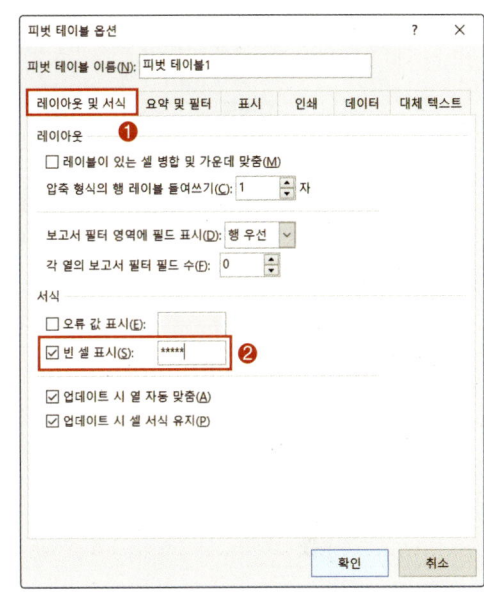

6. 그 결과 열에만 총합계가 나타나고 빈 셀에는 '*****' 기호가 표시되는 것을 확인할 수 있습니다.

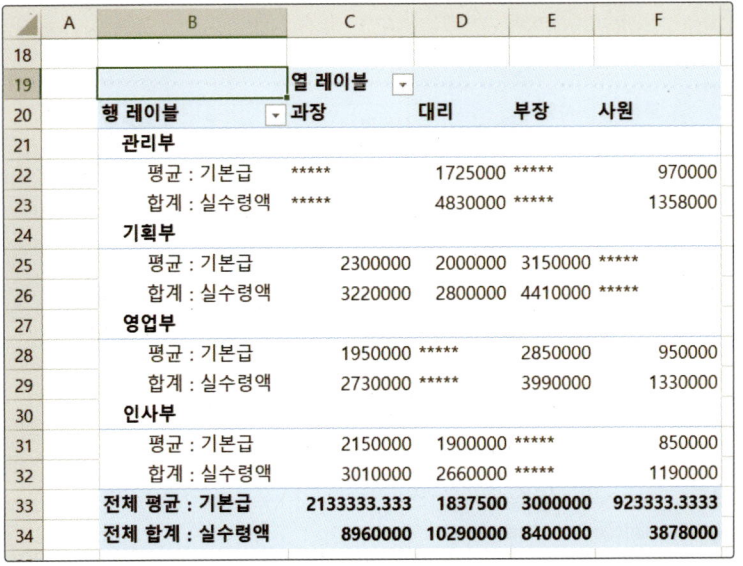

> **tip** **피벗 테이블 삭제** : 피벗 테이블을 삭제할 경우 해당 행을 블록 지정한 후 바로 가기 메뉴에서 [삭제]를 선택하거나 `Delete` 키를 누릅니다.

Section 20 피벗 테이블 보고서 만들기 **105**

3 슬라이서 삽입하기

1. [피벗 테이블 도구]-[분석] 탭의 [필터] 그룹에서 슬라이서 삽입(슬라이서 삽입) 단추를 클릭합니다. [슬라이서 삽입] 대화 상자가 나타나면 '사원명'과 '부서명' 필드를 선택하고 [확인] 단추를 클릭합니다.

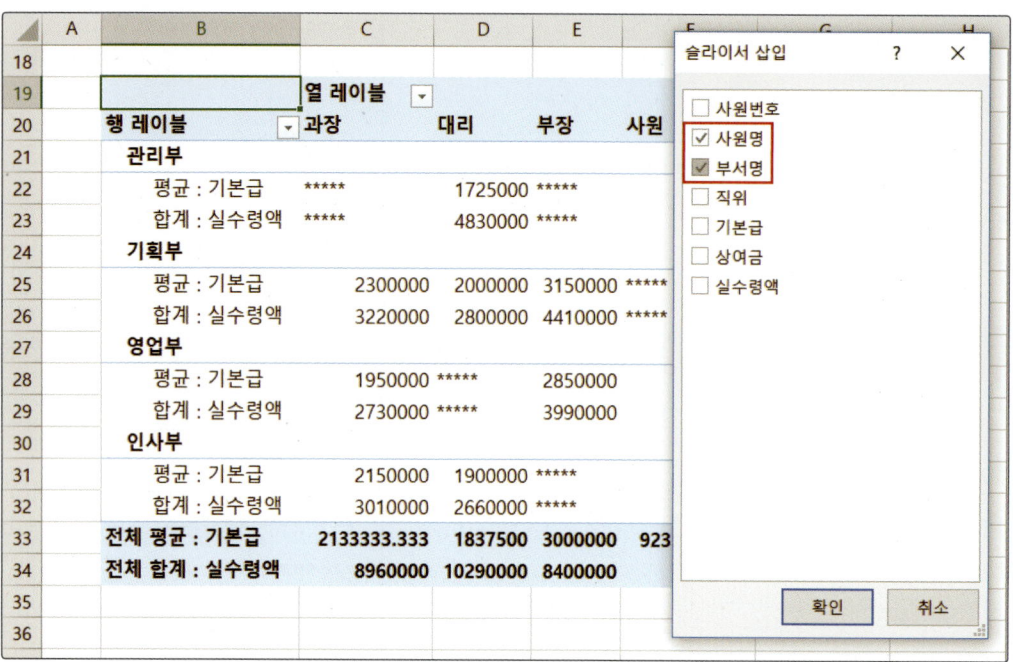

> **tip 슬라이서** : 피벗 테이블에서 슬라이서를 사용하면 데이터를 한눈에 알아볼 수 있도록 필터링합니다. 또한 테이블, 피벗 테이블, 피벗 차트 등을 빠르고 쉽게 확인할 수 있습니다.

2. 사원명과 부서명의 슬라이서가 삽입되면 크기 조절 핸들을 이용하여 크기를 적당히 조절한 후 마우스를 드래그하여 원하는 위치로 이동합니다.

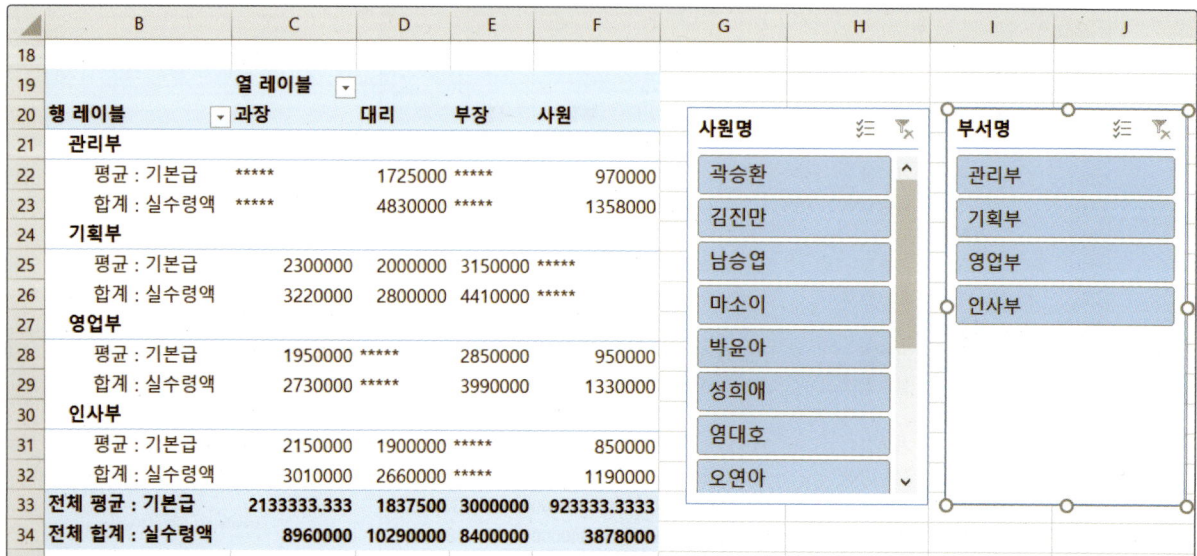

3. 사원명 슬라이서에서 '김진만'을 클릭한 후 Ctrl 키를 누른 상태에서 '마소이'와 '박윤아'를 클릭합니다. 그 결과 피벗 테이블에는 '김진만', '마소이', '박윤아'에 대한 데이터만 표시됩니다.

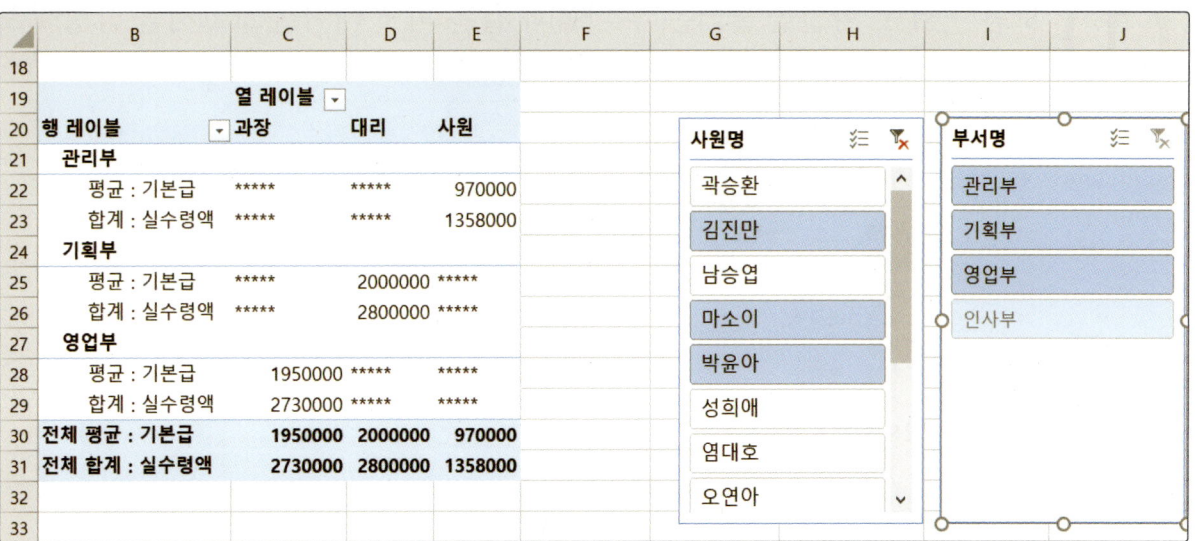

> **tip 선택 취소와 필터 해제**
> - Ctrl 키를 누른 상태에서 선택한 항목을 다시 클릭하면 선택이 취소됩니다.
> - 슬라이서 오른쪽 상단에 있는 필터 지우기( ) 단추를 클릭하면 필터가 해제됩니다.

4. 이번에는 부서명 슬라이서에서 '관리부'를 선택하면 해당 피벗 테이블에는 관리부에 해당하는 데이터만 표시됩니다.

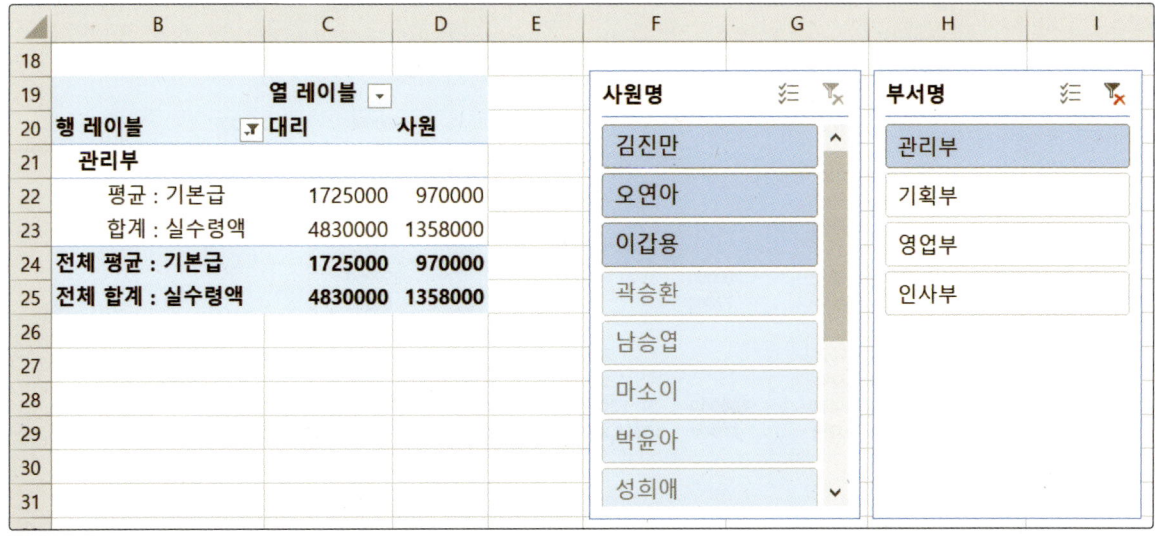

> **tip 슬라이서 삭제 :** 해당 슬라이서를 선택하고 Delete 키를 누릅니다.

혼자 풀어보기

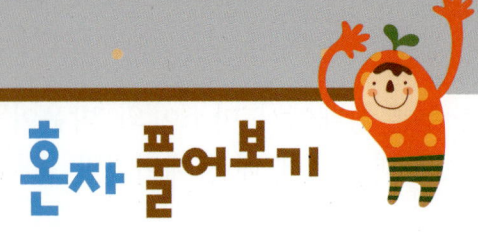

1 '보험사.xlsx' 파일을 불러온 후 다음과 같은 피벗 테이블 보고서를 작성해 보세요.

	A	B	C	D	E	F	G	H
17								
18		고객명	(모두) ▼					
19								
20				열 레이블 ▼				
21		행 레이블 ▼	5월	1년	3년	5년	7년	총합계
22		목동점						
23		합계 : 계약금				300000	1150000	1450000
24		합계 : 이자액				60000	240000	300000
25		반포점						
26		합계 : 계약금		450000	400000		150000	1000000
27		합계 : 이자액		55000	33000		40000	128000
28		삼성점						
29		합계 : 계약금	700000	600000		350000		1650000
30		합계 : 이자액	77000	65000		80000		222000
31		종로점						
32		합계 : 계약금		250000	700000			950000
33		합계 : 이자액		130000	185000			315000
34		전체 합계 : 계약금	700000	1300000	1100000	650000	1300000	5050000
35		전체 합계 : 이자액	77000	250000	218000	140000	280000	965000
36								

> **HINT** 피벗 테이블 필드 목록에서 '고객명'은 필터로, '계약기간'은 열 레이블로, '지역'은 행 레이블로, '계약금', '이자액'은 값으로 각각 드래그하여 배치한 후 열 레이블의 'Σ 값'을 행 레이블로 다시 드래그합니다.

2 '보험사.xlsx' 파일의 피벗 테이블 보고서에서 이자액의 평균을 계산한 후 행의 총합계는 나타나지 않도록 작성해 보세요.

	A	B	C	D	E	F	G	H
17								
18		고객명	(모두) ▼					
19								
20				열 레이블 ▼				
21		행 레이블 ▼	5월	1년	3년	5년	7년	
22		목동점						
23		합계 : 계약금				300000	1150000	
24		평균 : 이자액				60000	120000	
25		반포점						
26		합계 : 계약금		450000	400000		150000	
27		평균 : 이자액		55000	33000		40000	
28		삼성점						
29		합계 : 계약금	700000	600000		350000		
30		평균 : 이자액	77000	65000		80000		
31		종로점						
32		합계 : 계약금		250000	700000			
33		평균 : 이자액		130000	92500			
34		전체 합계 : 계약금	700000	1300000	1100000	650000	1300000	
35		전체 평균 : 이자액	77000	83333.33333	72666.66667	70000	93333.33333	

> **HINT**
> - 이자액에 해당하는 [값 필드 설정] 대화 상자의 [값 요약 기준] 탭에서 '평균'을 선택합니다.
> - [피벗 테이블 옵션] 대화 상자의 [요약 및 필터] 탭에서 '행 총합계 표시'의 체크를 해제합니다.

'판매일자.xlsx' 파일을 불러온 후 다음과 같은 피벗 테이블 보고서를 작성하되 빈 셀에는 '*******'를 표시해 보세요.

	A	B	C	D	E	F	G	H
19								
20		합계 : 매출액	열 레이블 ▼					
21		행 레이블 ▼	고객물산	마음상회	미래물류	아침센터	조은마트	총합계
22		가정용품	99000	*******		143000	*******	104500	346500
23		세제류	*******	161000	99750	*******	*******	260750
24		식품류	*******	*******	117000	*******	*******	117000
25		잡화	176400	225400	*******	*******	93100	494900
26		장구류	*******	*******	*******	270000	130000	400000
27		주류	187500	*******	*******	*******	*******	187500
28		총합계	462900	386400	359750	270000	327600	1806650
29								

HINT

- 피벗 테이블 필드 목록에서 '판매처'는 열 레이블로, '상품명'은 행 레이블로, '매출액'은 값으로 각각 드래그하여 배치합니다.
- [피벗 테이블 옵션] 대화 상자의 [레이아웃 및 서식] 탭에서 빈 셀 표시 입력란에 "******"를 입력합니다.

'판매일자.xlsx' 파일의 피벗 테이블 보고서에서 '일자' 슬라이서를 삽입하고, 2월 달에 해당하는 데이터만 피벗 테이블 보고서에 나타나도록 해 보세요.

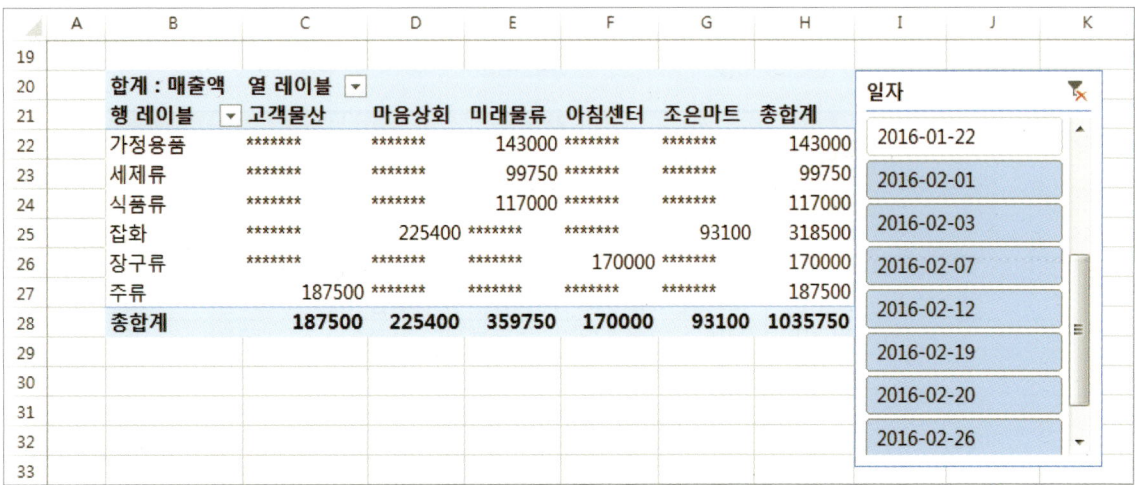

HINT

[슬라이서 삽입] 대화 상자에서 '일자'만 선택하고, 슬라이서가 나타나면 Ctrl 키를 이용하여 2월에 해당하는 항목만 선택합니다.

종합문제

종합문제 1. 다음의 워크시트에서 주어진 조건에 따라 통합 문서를 작성하세요.

- 특수 문자(기호)와 해당 한자를 입력하고, '인사고과.xlsx' 파일로 저장하세요.

	A	B	C	D	E	F	G	H	I
1									
2		『 △△업체 인사고과 현황(現況) 』							
3									
4		직원명	입사일자	부서명	職位(직위)	상반기 고과점수	하반기 고과점수	승진(昇進) 시험	
5		한글자	2011-10-24	홍보부	차장	75	80	58	
6		나보호	2015-07-01	관리부	사원	85	90	96	
7		조문단	2010-01-03	영업부	부장	95	85	74	
8		장모양	2016-12-12	총무부	사원	70	75	85	
9		채도형	2013-06-15	홍보부	과장	80	65	69	
10		남이전	2014-04-06	관리부	대리	90	100	73	
11		감정보	2012-03-10	영업부	과장	88	95	82	
12		유개체	2017-11-20	총무부	사원	99	94	91	
13		상반기 고과점수 평균			영업부 승진시험 평균				
14									

- '인사고과.xlsx' 파일에서 주어진 셀 서식(표시 형식, 맞춤, 글꼴, 테두리, 채우기)을 지정하고, '인사고과(편집).xlsx' 파일로 저장하세요.

	A	B	C	D	E	F	G	H	I
1									
2		『 △△업체 인사고과 현황(現況) 』							
3									
4		직원명	입사일자	부서명	職位(직위)	상반기 고과점수	하반기 고과점수	승진(昇進) 시험	
5		한글자	2011년 10월 24일	홍보부	차장	75점	80점	58점	
6		나보호	2015년 7월 1일	관리부	사원	85점	90점	96점	
7		조문단	2010년 1월 3일	영업부	부장	95점	85점	74점	
8		장모양	2016년 12월 12일	총무부	사원	70점	75점	85점	
9		채도형	2013년 6월 15일	홍보부	과장	80점	65점	69점	
10		남이전	2014년 4월 6일	관리부	대리	90점	100점	73점	
11		감정보	2012년 3월 10일	영업부	과장	88점	95점	82점	
12		유개체	2017년 11월 20일	총무부	사원	99점	94점	91점	
13		상반기 고과점수 평균			영업부 승진시험 평균				
14									

표시 형식에서 입사일자는 '2012년 3월 14일'을 선택하고, 점수 부분은 #"점" 형식을 지정합니다.

종합문제 2. 다음의 워크시트에서 주어진 조건에 따라 통합 문서를 편집하세요.

- 납부방법이 '자동이체'인 경우 '연한 빨강 채우기'를 지정하고, 대출금액은 '주황 데이터 막대'를 설정한 후 '고객대출.xlsx' 파일로 저장하세요.

§ 고객별 대출 관리 현황 §

대출번호	고객명	납부방법	대출일자	대출금액(단위:원)	대출이율	대출기간
DH-001	최순희	자동이체	2015-01-04	₩ 120,000,000	3.0%	24개월
DH-002	임윤회	지로	2016-02-08	₩ 57,000,000	5.0%	36개월
DH-003	정유리	방문납부	2015-04-19	₩ 95,100,000	2.5%	12개월
DH-004	박근호	자동이체	2016-12-30	₩ 155,000,000	4.0%	48개월
DH-005	우병웅	지로	2015-08-08	₩ 80,000,000	3.7%	24개월
DH-006	김시호	지로	2016-10-12	₩ 75,000,000	5.3%	36개월
DH-007	남기준	방문납부	2015-05-11	₩ 178,000,000	6.0%	48개월
DH-008	이정말	자동이체	2016-11-05	₩ 65,000,000	4.7%	24개월
DH-009	한진실	지로	2015-06-09	₩ 250,000,000	6.0%	36개월

- 표시 형식에서 대출이율은 소수 자릿수 '1'로 지정하고, 대출기간은 #"개월" 형식을 지정합니다.
- 조건부 서식에서 [셀 강조 규칙] – [같음]과 [데이터 막대] – [주황 데이터 막대]를 이용합니다.

- '고객대출.xlsx' 파일에서 데이터를 워크시트 중앙에 배치하고, 바닥글에 날짜와 시간을 삽입하여 인쇄(출력)하세요.

[페이지 설정] 대화 상자의 [페이지] 탭에서는 용지 방향을, [여백] 탭에서는 페이지 가운데 맞춤을, [머리글/바닥글] 탭에서는 바닥글의 왼쪽 구역과 오른쪽 구역을 각각 지정합니다.

종합문제 3. 다음의 워크시트에서 주어진 함수 조건에 따라 통합 문서를 작성하세요.

 **조건1**

- 통합 문서에서 합계, 평균, 순위를 구한 후 전반기/후반기 최고 및 최하 점수와 여사원의 인원수를 계산하고, '업무평가.xlsx' 파일로 저장하세요..

	A	B	C	D	E	F	G	H	I	J
1										
2		☞ 전/후반기 사원별 업무 평가 ☜								
3										
4		사원번호	성명	성별	전반기	후반기	합계	평균	순위	
5		CA-123	한성희	여	120	204	324	162	6	
6		EQ-982	서창호	남	142	195	337	168.5	4	
7		SB-005	김진아	여	180	258	438	219	1	
8		MT-222	정동환	남	97	120	217	108.5	9	
9		WC-470	강휘중	남	169	215	384	192	3	
10		PH-468	이순자	여	86	135	221	110.5	8	
11		JG-777	최재은	여	179	239	418	209	2	
12		US-531	홍용출	남	116	210	326	163	5	
13		ZH-246	박남원	남	100	184	284	142	7	
14		전반기/후반기 최고 점수			180	258	여사원 인원수			
15		전반기/후반기 최하 점수			86	120	4			
16										

 HINT
- 합계는 SUM 함수를, 평균은 AVERAGE 함수를, 순위는 RANK 함수를, 전반기/후반기 최고 및 최하 점수는 MAX와 MIN 함수를, 여사원 인원수는 COUNTIF 함수를 이용합니다.
- 순위에서는 해당 범위를 반드시 절대 참조로 지정해야 합니다.

 **조건2**

- 통합 문서에서 주민등록번호의 8번째 자리가 1이면 '남', 2이면 '여'로 성별을 구한 후 사원코드의 '-' 다음 두 자리로 입사년도를 표시하고, '인적현황.xlsx' 파일로 저장하세요.

	A	B	C	D	E	F	G	H	I
1									
2				㈜WIZ상사 사원 인적 현황					
3									
4		성명		주민등록번호	성별	사원코드	부서	입사년도	
5		한글 이름	영문 이름						
6		임현정	Cameron	760310-2003750	여	A-120051	총무과	12년	
7		신수환	Pacino	700426-1239875	남	D-149854	자재과	14년	
8		한진선	Julia	781123-2468016	여	A-091029	인사과	09년	
9		이영헌	Damon	710527-1775902	남	B-158642	관리과	15년	
10		조미희	Mary	753101-2357462	여	C-081357	자재과	08년	
11		문지영	Jane	740312-2852304	여	B-163874	총무과	16년	
12		한영미	Sara	801620-2864209	여	A-132345	인사과	13년	
13		김기남	George	690412-1058473	남	C-178650	관리과	17년	
14		홍세희	Leo	703314-2587950	여	C-116542	총무과	11년	
15		곽형완	Jordan	650911-1927357	남	B-070346	홍보과	07년	
16									

 HINT
- 성별은 IF 함수와 MID 함수를 이용하고, 입사년도는 MID 함수만 이용합니다.
- 입사년도에서는 & 연산자를 이용해서 '년'을 표시합니다.

- 통합 문서에서 남자 교직원의 전체 총점을 구한 후 이준석과 윤홍식의 평균에서 소수점 자리수를 주어진 대로 표시하고, '교직원.xlsx' 파일로 저장하세요.

	A	B	C	D	E	F	G	H	I	J	K	L
1												
2				▷ 한국대학교 교직원 지원 현황 ◁								
3												
4		성명	성별	나이	행정학	회계학	전산학	외국어	면접	총점	평균	
5		김경희	여	24세	85	67	89	100	8.5	349.5	69.9	
6		이준석	남	28세	78	85	91	82	7.3	343.3	68.66	
7		신기혁	남	27세	90	92	86	77	5.5	350.5	70.1	
8		정경화	여	26세	91	89	69	90	6.2	345.2	69.04	
9		강현석	남	33세	83	90	94	64	5.7	336.7	67.34	
10		이호경	여	25세	75	83	88	97	9.2	352.2	70.44	
11		손재관	남	30세	80	93	100	86	8.1	367.1	73.42	
12		윤홍식	여	27세	68	100	81	79	7.7	335.7	67.14	
13		임주묵	남	32세	82	77	92	80	10	341	68.2	
14					총합계					3121.2	624.24	
15			남자 교직원의 전체 총점					1738.6				
16			이준석의 평균을 소수 첫째 자리에서 반올림					68.7				
17			윤홍식의 평균을 소수 첫째 자리에서 내림					67.1				
18												

HINT 남자 교직원의 전체 총점은 SUMIF 함수를, 이준석의 평균 반올림 자리수는 ROUND 함수를, 윤홍식의 평균 내림 자리수는 ROUNDDOWN 함수를 이용합니다.

- 통합 문서에서 코드별 부서명과 평점별 등급을 구한 후 8행 4열에 있는 부서명을 표시하고, '근로복지.xlsx' 파일로 저장하세요.

	A	B	C	D	E	F	G	H	I	J	K	L	M	N
1														
2			○ 업체별 근로 복지 현황 ○											
3														
4		번호	업체	코드	부서명	평점	등급		부서명 코드			등급 코드		
5		1	우리전자	O	관리부	85	B		코드	부서명		점수	등급	
6		2	제일선박	T	홍보부	77	C		M	총무부		30	G	
7		3	행복은행	M	총무부	56	E		S	영업부		40	F	
8		4	KG미디어	Z	전산부	92	A		K	기획부		50	E	
9		5	나라종금	S	영업부	74	C		O	관리부		60	D	
10		6	일등정유	T	홍보부	88	B		Y	인사부		70	C	
11		7	대한약품	Y	인사부	46	F		T	홍보부		80	B	
12		8	미래통신	K	기획부	95	A		Z	전산부		90	A	
13		9	ABC증권	Z	전산부	58	E							
14		10	안전화학	S	영업부	65	D							
15			8행 4열에 있는 부서명				기획부							
16														

- 부서명과 등급은 VLOOKUP 함수를 이용하되 부서명은 부서명 코드([I6 : J12])를, 등급은 등급 코드([L6 : M12])를 참조합니다.
- 8행 4열에 있는 부서명은 INDEX 함수를 이용합니다

종합문제 4. 다음의 워크시트에서 주어진 조건에 따라 통합 문서를 완성하세요.

- 워크시트 내용을 이용하여 3차원 묶은 세로 막대형 차트를 작성한 후 다음과 같이 차트를 편집하고, '도서매출.xlsx' 파일로 저장하세요.

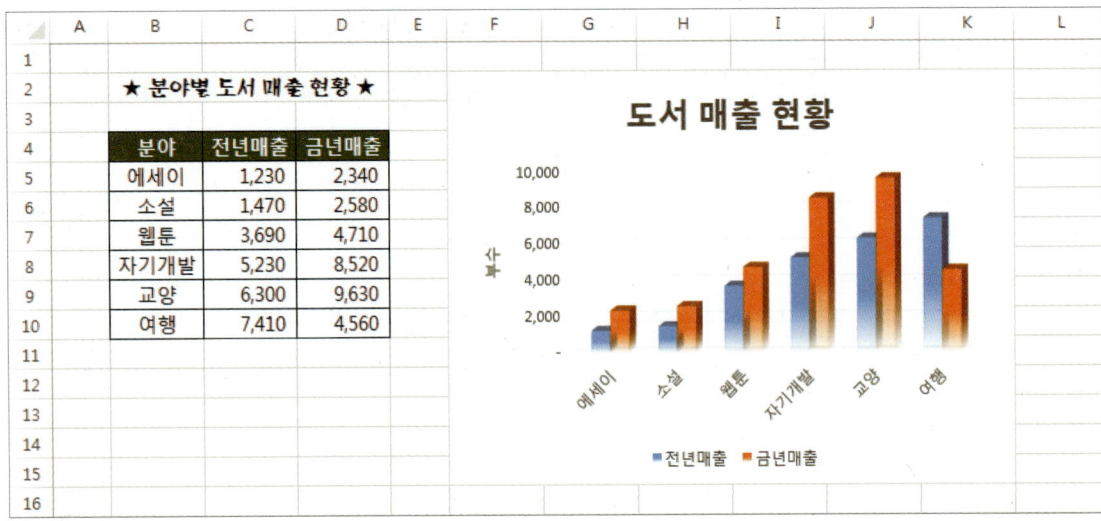

- 차트 스타일은 '스타일 8'로 지정하고, 차트 요소 추가는 [축 제목] – [기본 세로]를 선택합니다.
- 세로 (값) 축에서 주 단위를 '2000'으로 수정합니다.

- '통신요금.xlsx' 파일을 열기한 후 통신 요금 합계가 40,000원 되려면 통화 시간(분)이 얼마가 되어야 하는지를 목표값 찾기로 구하세요.

[목표값 찾기] 대화 상자에서 수식 셀은 'D12', 찾는 값은 '40000', 값을 바꿀 셀은 'D7'을 각각 지정합니다.

- '전후반기판매.xlsx' 파일을 열기한 후 전반기/후반기의 판매수량, 판매가격, 매출액의 최대값을 데이터 통합으로 구하세요.

[통합] 대화 상자에서 함수는 '최대값'을 선택하고, 모든 참조 영역에 [B3 : E9], [G3 : J9] 영역을 각각 추가한 후 사용할 레이블에서 '첫 행'과 '왼쪽 열'을 선택합니다.

- '사원실적현황.xlsx' 파일을 열기한 후 성별별로 '입사일'의 평균을 계산하고, '전반기', '후반기'의 최대값을 구하는 부분합을 작성하세요(단, 성별에 대한 정렬 기준은 오름차순).

[부분합] 대화 상자에서 그룹화할 항목은 '성별', 사용할 함수는 '평균', 부분합 계산 항목은 '입사일'을 선택합니다. 다시 [부분합] 대화 상자에서 그룹화할 항목은 '성별', 사용할 함수는 '최대값', 부분합 계산 항목은 '전반기', '후반기'를 선택하고, '새로운 값으로 대치' 항목을 해제합니다.

- '항공사.xlsx' 파일을 열기한 후 항공사가 'KAL'이거나 여행 상품이 '자유'인 데이터를 고급 필터를 이용하여 검색하세요.

	A	B	C	D	E	F	G	H	I
21									
22		항공사	여행 상품						
23		KAL							
24			자유						
25									
26		항공사	노선	여행 상품	상반기	하반기	승객 합계	승객 평균	
27		KAL	인천-오사카	에어텔	1,238	3,210	4,448	2,224	
28		EASTAR	나고야-제주	자유	2,580	6,540	9,120	4,560	
29		JIN	부산-김포	자유	1,470	1,582	3,052	1,526	
30		KAL	인천-베이징	패키지	7,531	2,723	10,254	5,127	
31		ASIANA	포항-마닐라	자유	1,357	4,116	5,473	2,737	
32		KAL	인천-뉴델리	허니문	6,420	5,352	11,772	5,886	
33		KAL	인천-상하이	자유	1,596	2,574	4,170	2,085	
34		KAL	인천-싱가폴	자유	1,456	3,256	4,712	2,356	
35									

[고급 필터] 대화 상자에서 결과는 '다른 장소에 복사'를 선택한 후 목록 범위([B4 : H20]), 조건 범위([B22 : C24]), 복사 위치([B26])를 각각 지정합니다.

- '거래내역서.xlsx' 파일을 열기한 후 다음과 같은 피벗 테이블 보고서를 작성하되 단가의 '평균', 빈 셀 표시(**), '분류' 슬라이서 등을 표시하세요.

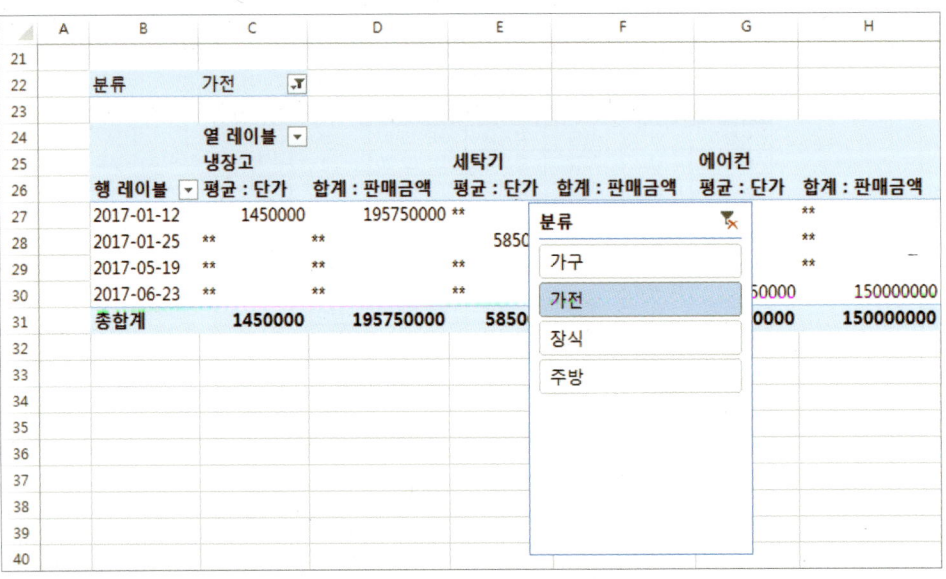

- 피벗 테이블 필드 목록에서 '분류'는 필터로, '상품명'은 열 레이블로, '거래일'은 행 레이블로, '단가', '판매금액'은 값으로 각각 드래그하여 배치한 후 '단가'는 [값 필드 설정] 대화 상자의 [값 요약 기준] 탭에서 '평균'을 선택합니다.
- [피벗 테이블 옵션] 대화 상자의 [레이아웃 및 서식] 탭에서 빈 셀 표시 입력란에 "**"를 입력합니다.
- [슬라이서 삽입] 대화 상자에서 '분류'만 선택합니다.

종합문제 5. 다음의 워크시트에서 주어진 조건에 따라 통합 문서를 작성하세요.

- 통합 문서에서 독립주년, 수출순위, 주 종교가 이슬람교인 국가의 수, 가장 적은 인구 수, 수출(백만$)의 평균을 구하고, '독립국가.xlsx' 파일로 저장하세요.

	A	B	C	D	E	F	G	H	I	J
1										
2				※ 아시아 독립 국가 기초 통계 ※						
3										
4		국가명	독립연도	인구(단위:명)	주 종교	수도	수출(백만$)	독립주년	수출순위	
5		캄보디아	1953년	14,952,000	불교	프놈펜	1,050	64년	7위	
6		브루나이	1984년	388,000	이슬람교	반다르스리브가완	2,363	33년	5위	
7		라오스	1949년	6,400,000	불교	비엔티안	393	68년	8위	
8		필리핀	1946년	103,775,000	카톨릭	마닐라	38,080	71년	3위	
9		미얀마	1948년	54,584,000	불교	네피도	1,309	69년	6위	
10		인도네시아	1945년	248,000,000	이슬람교	자카르타	62,000	72년	2위	
11		베트남	1967년	91,519,000	불교	하노이	14,300	50년	4위	
12		싱가포르	1965년	5,310,000	불교	싱가포르	62,623	52년	1위	
13		주 종교가 이슬람교인 국가의 수			2		가장 적은 인구 수		388,000	
14							수출(백만$)의 평균		22,765	
15										

 YEAR, TODAY, RANK, COUNTIF, MIN, AVERAGE 함수를 이용하되 독립주년과 수출순위에는 사용자 지정을 이용합니다.

- 통합 문서에서 판매량 구성비, 순위, 최대 컬러링 다운로드, 위즈 제작사 앨범 수, CD 판매량, 관리코드를 구하고, '앨범.xlsx' 파일로 저장하세요.

	A	B	C	D	E	F	G	H	I	J	K
1											
2					상반기 앨범 판매 현황						
3											
4		관리코드	앨범	제작사	장르	CD판매가	CD판매량	컬러링 다운로드	판매량 구성비	순위	
5		HH-219	주아3집	소리넷	힙합	14,700원	64,900	7,141	0.13	3	
6		DS-713	티미1집	Z미디어	댄스	13,600원	22,760	10,750	0.05	1	
7		DS-603	원더보이3집	Z미디어	댄스	10,100원	31,840	3,210	0.07	8	
8		BR-324	정지아2집	위즈	발라드	14,300원	41,800	4,990	0.09	6	
9		BR-802	박민6집	Z미디어	발라드	14,700원	37,400	3,540	0.08	7	
10		BR-085	지후5집	소리넷	발라드	14,100원	107,600	9,420	0.22	2	
11		DS-403	나비9집	위즈	댄스	23,900원	102,300	6,300	0.21	4	
12		HH-271	애플A5집	소리넷	힙합	13,900원	74,600	5,790	0.15	5	
13		최대 컬러링 다운로드			10750		앨범		CD판매량	관리코드	
14		위즈 제작사 앨범 수			2		주아3집		64900	HH-219	
15											

 SUM, RANK, MAX, COUNTIF, VLOOKUP, INDEX, MATCH 함수를 이용합니다.

 **조건3**
- 워크시트 내용을 이용하여 이중 축 세로 막대형 차트를 작성한 후 다음과 같이 차트를 편집하고, '급여내역.xlsx' 파일로 저장하세요.

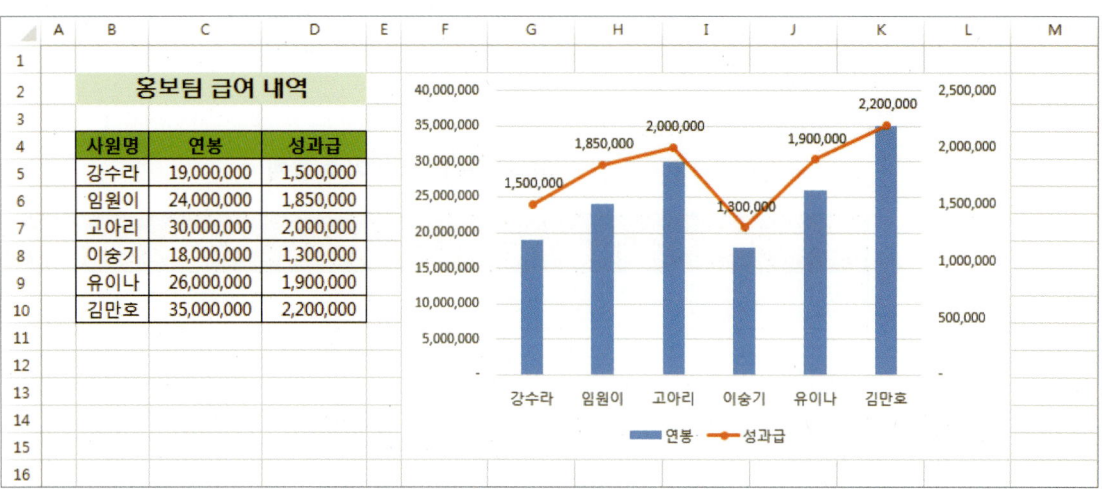

HINT 성과급의 데이터 계열 서식에서 '보조 축'을 지정한 후 데이터 레이블을 지정합니다.

 **조건4**
- 워크시트에 주어진 내용을 입력한 후 비용분석에 열 스파크라인을 삽입하고, '우리기획.xlsx' 파일로 저장하세요.

광고번호	분류	광고상품	광고종류	제작비 (단위:원)	월광고비 (단위:원)	총광고비 (단위:원)	비용분석
S1-07	의류	유아복	지하철	1,320,000	750,000	2,070,000	
C1-09	화장품	여성향수	신문	1,085,000	1,155,000	2,240,000	
S2-10	의류	등산복	온라인	1,440,000	440,000	1,880,000	
E1-08	교육	영어회화	지하철	2,070,000	770,000	2,840,000	
C2-11	화장품	기초세트	신문	1,133,000	1,900,000	3,033,000	
C3-07	화장품	남성향수	온라인	1,420,000	1,080,000	2,500,000	
S3-11	의류	영캐주얼	온라인	975,000	665,000	1,640,000	
E2-08	교육	하나스터디	지하철	1,180,000	1,836,000	3,016,000	
E3-15	교육	필승보습	신문	850,000	557,000	1,407,000	

 • '컴퓨터.xlsx' 파일을 열기한 후 지점별로 '수량', '단가'의 합계를 계산하고, '금액'의 평균을 구하는 부분합을 작성하세요(단, 지점에 대한 정렬 기준은 오름차순).

	구입일자	지점	지점장	품목	수량	단가	금액
5	03월 10일	서울	신달밤	하드디스크	100	70,000	7,000,000
6	08월 18일	서울	이별빛	모니터	7	200,000	1,400,000
7	11월 20일	서울	공나라	스피커	55	30,000	1,650,000
8		서울 평균					3,350,000
9		서울 요약			162	300,000	
10	02월 15일	수원	김우주	RAM	20	25,000	500,000
11	06월 22일	수원	장나무	마우스	35	10,000	350,000
12	10월 12일	수원	최식물	랜카드	30	15,000	450,000
13		수원 평균					433,333
14		수원 요약			85	50,000	
15	04월 11일	오산	오하늘	프린터	10	150,000	1,500,000
16	09월 29일	오산	한태양	USB	40	55,000	2,200,000
17	12월 02일	오산	심여행	보드	80	80,000	6,400,000
18		오산 평균					3,366,667
19		오산 요약			130	285,000	
20	01월 30일	인천	유대기	DVD	55	90,000	4,950,000
21	05월 20일	인천	천지구	키보드	25	17,000	425,000
22	07월 30일	인천	엄공기	그래픽카드	50	85,000	4,250,000
23		인천 평균					3,208,333
24		인천 요약			130	192,000	
25		전체 평균					2,589,583
26		총합계			507	827,000	

 [부분합] 대화 상자에서 그룹화할 항목은 '지점', 사용할 함수는 '합계', 부분합 계산 항목은 '수량', '단가'를 선택합니다. 다시 [부분합] 대화 상자에서 그룹화할 항목은 '지점', 사용할 함수는 '평균', 부분합 계산 항목은 '금액'을 선택하고, '새로운 값으로 대치' 항목을 해제합니다.

 • '대학.xlsx' 파일을 열기한 후 지원자가 '20' 이상인 데이터만 필터링 하세요.

전과코드	단과대학	계열	성별	지원자	동일계열 가능인원	증감	지원자 평균학점
ABCD01	인문과학대학	인문	여자	35	20	15	4.34
ABCD02	문과대학	인문	여자	40	24	16	4.01
ABCD04	정경대학	인문	남자	50	42	8	3.95
ABCD06	첨단과학대학	자연	남자	30	18	12	4.39
ABCD07	정보대학	자연	남자	45	35	10	3.78
ABCD08	공학대학	자연	여자	22	40	-18	4.22

 [사용자 지정 자동 필터] 대화 상자의 찾을 조건에서 '>=', '20'을 지정합니다.

Start! 첫걸음
엑셀 2016 단계별 정복하기

2018년 5월 30일 초판 발행
2023년 9월 5일 3판 인쇄
2023년 9월 10일 3판 발행

펴낸이	김정철
펴낸곳	아티오
지은이	김도린
표지 디자인	박효은
편집 디자인	이효정
전 화	031-983-4092~3
팩 스	031-696-5780
등 록	2013년 2월 22일
정 가	8,000원
홈페이지	http://www.atio.co.kr
주 소	경기도 고양시 일산동구 호수로 336 (브라운스톤, 백석동)

국립중앙도서관 출판예정도서목록(CIP)

```
(Start! 첫걸음) 엑셀2016 : 단계별 정복하기 / 지은이: 김
도린. -- 김포 : 아티오, 2018
    p. ;   cm

ISBN  979-11-88059-38-6  13000 : ₩8000

MS 엑셀[Excel]

005.53-KDC6
005.3-DDC23                              CIP2018013759
```

* 예제 소스는 아티오(www.atio.co.kr) [자료실]에서 다운받으시면 됩니다.

* 아티오는 Art Studio의 줄임말로 혼을 깃들인 예술적인 감각으로 도서를 만들어 독자에게 최상의 지식을 전달해 드리고자 하는 마음을 담고 있습니다.
* 잘못된 책은 구입처에서 교환하여 드립니다.
* 이 책의 저작권은 저자에게, 출판권은 아티오에 있으므로 허락없이 복사하거나 다른 매체에 옮겨 실을 수 없습니다